Na sombra da montanha

Na sombra da montanha

pelo espírito
ANTÔNIO CARLOS

psicografia de
VERA LÚCIA MARINZECK DE CARVALHO

LÚMEN
EDITORIAL

Na sombra da montanha
pelo espírito Antônio Carlos
psicografia de Vera Lúcia Marinzeck de Carvalho
Copyright © 2015 by Lúmen Editorial Ltda.

8ª edição – Setembro de 2022

Coordenação editorial: *Ronaldo A. Sperdutti*
Revisão: *Érica Alvim*
Projeto gráfico e arte da capa: *Ricardo Brito | Estúdio Design do Livro*
Imagem da capa: *Margaret Smeaton | Shutterstock*
Imagem das aberturas de capítulos: *Freepik.com*
Impressão e acabamento: *Gráfica Rettec*

Dados Internacionais de Catalogação na Publicação (CIP)
(Câmara Brasileira do Livro, SP, Brasil)

Carlos, Antônio (Espírito).
    Na sombra da montanha / pelo Espírito Antônio Carlos ; psicografia de Vera Lúcia Marinzeck de Carvalho. – São Paulo : Lúmen Editorial, 2015.

    ISBN 978-85-7813-165-4

    1. Espiritismo 2. Psicografia 3. Romance espírita I. Carvalho, Vera Lúcia Marinzeck de. II. Título.

15-07449   CDD-133.93

Índice para catálogo sistemático:
1. Romances espíritas psicografados : Espiritismo   133.93

Av. Porto Ferreira, 1031 - Parque Iracema
Cep 15809-020 – Catanduva-SP
Tel. 17 3531.4444

www.lumeneditorial.com.br | atendimento@lumeneditorial.com.br
www.boanova.net | boanova@boanova.net

Proibida a reprodução total ou parcial desta
obra sem prévia autorização da editora

Impresso no Brasil – *Printed in Brazil*
8-9-22-200-26.200

Sumário

7   1. Dificuldades

25   2. A mudança

45   3. Propriedade Na Sombra da Montanha

61   4. A árvore seca

81   5. Manifestações físicas

99   6. Buscando auxílio

117   7. Os hóspedes

133   8. A primeira reunião

149   9. O Fantasma da Lua Cheia

165   10. Comentários edificantes

183   11. Sábado

201   12. Os antigos proprietários da casa

219   13. Mimi

243   14. Sempre amigos

259   15. O amor que acolhe

1
Dificuldades

Estela estava aflita e nervosa, andava de um lado para o outro na casa. Era uma mulher miúda, estrutura pequena, magra, cabelos curtos e olhos vivazes verde-claros. Logo iria buscar os filhos na escola e não tinha nada para fazer de almoço.

"Tomara que Mariano traga alguma coisa para comer, temos somente pão e manteiga. Ainda bem que as crianças têm se alimentado na escola, comem pouco no almoço. Meu Deus! Que vida!"

Estela sempre foi muito ativa, trabalhara desde os seus treze anos como empregada doméstica. Desde que o primeiro filho nasceu, saiu do emprego para cuidar dele. Depois, veio a segunda filha e continuou no lar, onde fazia tudo. Até dois meses atrás ajudava o esposo no trabalho no bar.

O marido não chegou, e ela foi buscar os filhos na escola.

"Mais três semanas e estarão de férias. Será que terei alimentos para dar a eles?", pensou, tristonha e preocupada.

A escola ficava somente a três quarteirões da casa deles. Estela andou rápida e esperou com as outras mães em frente ao portão. Não estava com vontade de conversar, ultimamente não sentia vontade de fazê-lo com ninguém; por isso, encostou-se no muro, um pouco afastada das outras mães. Ouviu o sinal, o portão foi aberto e logo saíram várias crianças. Isabela veio ao seu encontro: era uma menina linda, estava com oito anos, seus cabelos eram claros com tons avermelhados, tinha os olhos como os de sua mãe, verdes, também era magra e de sorriso encantador. Sorriu ao ver a mãe. Aproximou-se, oferecendo o rosto para ser beijado, e segurou na mão de Estela. Em seguida, aproximou-se Felipe, o filho de dez anos. Ele se parecia com o pai: era alto e forte para a sua idade, tinha lábios grossos e cabelos negros, assim como os olhos. Sorriu também, oferecendo o rosto para o beijo.

— Oi, mamãe! Tudo bem? Vamos embora?

Estela pegou a mochila da filha, colocando-a nas costas, e, de mãos dadas com os filhos, foram para a casa. As crianças, como sempre, contavam fatos ocorridos na escola. A mãe fingia prestar atenção, mas estava preocupada, amargurada por não ter comida para oferecer às crianças.

Os dois comeram o pão com manteiga, tomaram água e não reclamaram, tinham se alimentado na escola.

"Bendita merenda!", pensou Estela.

Ela ficou mais preocupada: o marido estava em casa pela manhã, quando foi levar as crianças à escola, mas, quando voltou, ele não estava mais, saíra de moto.

"Que situação!", lamentou. "Comi somente um pedaço de pão, estou com fome e ainda tenho de me preocupar com Mariano. Tomara que ele não tenha ido cobrar os antigos fregueses do bar. Na semana passada, ao cobrar um deles, levou um soco no rosto que o deixou machucado."

Foi um alívio quando escutou o barulho da moto. Correu ao portão e viu o marido com expressão cansada e triste. Entrou e sorriu para os filhos. Comeu as três fatias de pão que sobraram.

"Não teremos mais nada para o jantar", pensou Estela.

— Vão agora ver televisão — pediu o pai às crianças —, vou descansar um pouquinho.

Fez sinal para a esposa acompanhá-lo ao quarto. Entraram, ele fechou a porta e tirou do bolso um envelope.

— Vi esta carta na caixa de correspondência hoje pela manhã, provavelmente foi entregue ontem.

Mariano se sentou numa cadeira que estava no quarto. Estela olhou o envelope e conseguiu ver o remetente. Epaminondas..., o tio do marido. E, pela expressão do esposo, o tio não o ajudaria desta vez.

— Fui a muitos lugares hoje de manhã — falou Mariano baixinho, não queria que os filhos escutassem a conversa, e continuou, em tom de lamento: — Fui a locais em que deixei currículos e em que pedi emprego. Falei com as pessoas encarregadas de contratar, e eles me disseram que, por estes meses, não terão vagas nem para faxineiro.

Mariano abaixou a cabeça, segurava a carta com força. Estela olhou-o com carinho. Seu esposo fora filho único. A mãe se separou do pai quando ele era neném. O irmão dela, o tio Bino, o Epaminondas, foi quem os auxiliou. Ele era oficial do exército e, pelo seu trabalho, residia longe de onde moravam; por isso, levara a irmã e o sobrinho para residirem perto dele. A mãe, embora jovem, tornara-se amarga, nunca mais se envolveu com alguém e faleceu quando Mariano estava com dezoito anos. Seu tio Bino sempre ajudara a irmã e depois o sobrinho, que estudou até o segundo grau e foi trabalhar.

"Também tive uma vida difícil", pensou Estela. "Meu pai morreu quando tinha dez anos. Tenho uma irmã e um irmão. Mamãe casou-se novamente. Nunca gostei do meu padrasto e, quando notei que ele me olhava de modo estranho, senti medo. Hoje entendo que seu olhar era de cobiça. Contei à mamãe, que me chamou de mentirosa, acusando-me de querer acabar com seu casamento. Uma tia me ajudou, arrumou-me um emprego nesta cidade, que não é longe da que morava, afastando-me assim do meu lar. Fui ser empregada doméstica. Morava no emprego. Conheci Mariano numa festa, começamos a namorar e casamo-nos meses depois. Para comprar os móveis, continuei trabalhando e esperamos quatro anos para termos filhos."

— Conte — pediu Estela — o que está pensando.

Mariano a olhou e mostrou a carta novamente.

— Tio Bino respondeu. Não mandou dinheiro desta vez...

— O que ele escreveu? — perguntou ela.

— Titio não mandou dinheiro nem vai mandar. Mas fez uma proposta — Mariano respondeu e abaixou novamente a cabeça.

"Tio Bino já nos ajudou muito, principalmente Mariano. Sustentou a mãe e ele desde bebê, parou de lhe dar mesada quando começou a trabalhar. Deu para nós, de presente de casamento, uma quantia razoável de dinheiro. E, como Mariano não tem sorte, mudou muito de emprego e, nos intervalos de um trabalho e outro, quando ficava desempregado, tio Bino sempre mandava dinheiro. Começo a pensar: será falta de sorte mesmo? Ou, infelizmente, Mariano é irresponsável? Quando saiu do último emprego, foi para montar um bar em sociedade com um colega. Os dois pegaram todo o dinheiro disponível e montaram o bar. O tio lhe deu novamente dinheiro, porém afirmou que seria a última vez. O negócio não deu certo, vendiam fiado, os fregueses não pagavam, e os dois, ele e o sócio, brigavam. Com muitas dívidas, fecharam o bar."

— Estela, você não vai falar nada?

Ela teve vontade de gritar: "Estou com fome! O que iremos jantar? Até quando ficaremos assim? Vou procurar emprego como empregada doméstica." Não respondeu. Mariano, depois de olhá-la por um segundo, falou:

— Precisamos conversar e decidir. De manhã, peguei a carta, li e, numa tentativa, saí e fui a três lugares que talvez pudessem me dar emprego — repetiu Mariano. — Foi em vão. Nada! — Fez uma pausa. — Tio Bino respondeu à carta em que lhe pedi ajuda, dizendo que, como escrevera da última vez em que me mandou dinheiro, não mandaria mais, que não voltaria atrás no que decidira e não mandou nada. Mas fez uma proposta.

Calou-se e abaixou a cabeça novamente. Estela se impacientou.

— Vamos, diga o que é!

— Tio Bino quer que vá morar lá com ele — falou Mariano devagar.

— Só você?

— Não, nós quatro. Titio escreveu que, se quisermos, ele manda nos buscar e que é para levarmos somente nossos pertences pessoais. Ele nos acomodará em sua casa e seremos bem tratados. Você lembra da casa dele? Foi lá uma vez. A residência é enorme. As crianças vão ter espaço para brincar e vão comer todos os dias. Tem uma excelente escola perto. Tio Bino é boa pessoa.

"Muito excêntrico!", pensou Estela.

— Continue, por favor — pediu a esposa. — Fale o que está pensando.

— É que não estou vendo outra saída. Indo morar com titio, estaremos abrigados e, melhor, alimentados. Será somente por uns tempos. Prometo!

— Está bem, vamos — decidiu Estela, também não vendo outra alternativa.

Mariano melhorou seu astral, deu um leve sorriso e falou o que planejava.

— Estela, se você concordar, vou agora entregar a moto ao senhor Laércio, devo duas prestações, ele me disse que a comprará de volta; com o dinheiro, compro alimentos e pago o que devo ao proprietário do prédio do bar. Vi hoje o senhor Antônio mexendo no lixo, fiquei pensando se seria por resto de comida ou latinhas.

Veio à mente dela a figura do senhor Antônio e pensou: "Ele e a esposa, ambos idosos, fizeram, dos três cômodos da frente da casa em que moram, um espaço para alugar e, com o aluguel, complementavam a renda, porque, segundo o senhor Antônio, ele e a esposa tomam muitos remédios. Mariano e o sócio alugaram esses cômodos e fizeram o bar. A mulher do outro sócio e eu fazíamos salgados para serem vendidos e íamos faxinar o local. Quando o bar estava aberto, tínhamos dinheiro para comprar alimentos. As dívidas foram aumentando e, por falta de pagamento, foram tirados os utensílios do local, geladeira, fogão, balcão, mesas, cadeiras, e fecharam o bar após muitas discussões. Seu ex-sócio arrumou emprego, e Mariano não. Ficaram devendo aluguel, água e luz dos cômodos, dívidas que deveriam ser acertadas para que pudesse ser novamente alugado".

— Faça isto — Estela conseguiu dizer, estava se sentindo engasgada —, pague o senhor Antônio e vamos comprar alguns alimentos.

— Pensei também — Mariano falou compassado, estava muito triste — que poderíamos oferecer para os vizinhos, a quem devemos, nossos móveis. É sugestão de tio Bino. Como escrevi a ele contando que tinha muitas dívidas e nenhum dinheiro, titio sugeriu que fôssemos para lá somente com nossas roupas, porque em sua casa teremos de tudo. Para pagarmos parte das dívidas e, eu trabalhando e não tendo despesas, pagaremos o restante mais tarde.

— Vender tudo?!

Na sombra da montanha

Estela não conseguiu segurar e chorou. Mariano pegou nas mãos dela e chorou também. Por minutos, choraram baixinho, com receio de os filhos escutarem.

Ela, talvez mais do que o marido, gostava de cada objeto da casa, eles tinham história. O vaso da sala fora comprado à prestação, ela achou-o lindo, custara caro, mas tinha valido a pena. A cama, compraram para o casamento; a geladeira fora trocada quando Mariano ainda estava empregado.

— Teremos tudo lá? Tem certeza? — perguntou Estela.
— O lugar não tem telefone.
— Penso que, por ser um pouco afastado da cidade, ainda não tenha ou pode ser que titio não queira. Nós também estamos sem telefone aqui.
— Não conseguimos pagar a conta — Estela suspirou.

Ela enxugou seu rosto e o do marido. Abraçaram-se.

— Vamos, meu querido, fazer o que tem de ser feito. Entregue a moto, pague o senhor Antônio para que ele pague a luz e a água do cômodo e que Deus o ajude a alugá-lo logo.
— Farei isto e venho para irmos ao supermercado. Vamos jantar esta noite! Estela, realmente não vejo outra alternativa. Não pago há dois meses a energia da casa, com certeza irão cortá-la. A água está há três meses sem ser quitada. O aluguel da casa está para vencer o quarto mês.
— Sei. Amanhã cedo, ao levar as crianças à escola, vou conversar com a diretora; depois, com os vizinhos a quem devo dinheiro. Vamos pagar o máximo que conseguirmos nossas dívidas.
— Vou agora. Obrigada, Estela. Amo você!
— Eu também o amo!

Mariano saiu do quarto, lavou o rosto. Sentia-se melhor. Pelo menos resolveram o que fazer, iriam morar com o tio.

Saiu com a moto, e Estela ajoelhou-se diante da imagem de Nossa Senhora, orou e indagou a si mesma preocupada:

"Meu Deus, como será viver num local diferente? As crianças e eu nos acostumaremos?"

Lembrou-se do tio Bino. Era um homem robusto, alto, claro, sua voz tinha um timbre forte; quando falava, se sobressaía aos demais. Mariano, com a mãe e o tio, moravam numa cidade longe dali. Com uma transferência de Epaminondas, foram residir perto de onde morava. Quando o militar aposentou-se, foi para aquela cidade em que residia no momento e comprou uma casa grande num sítio. Mariano tinha outros tios por parte de mãe que continuaram na cidade natal, mas não se comunicavam. Do pai dele, sabia muito pouco: seu genitor tinha oito filhos, irmãos que Mariano não conhecia nem sabia os nomes. Para ele, sua família era somente o tio Bino, que, mesmo assim, via pouco, mas estavam sempre se correspondendo.

"Comigo também não é muito diferente. É como se não tivesse família", pensou tristonha. "Minha irmã foi morar em outro país, escreve raramente. Meu irmão mora nesta cidade, ele se dá bem com minha mãe e padrasto. Pedir algo a eles é me humilhar. Pedi, há tempos, uma vez em que Mariano estava desempregado, e escutei: 'Não tenho e, se tivesse, não emprestaria. Quem mandou casar com um preguiçoso?'. Nem respondi, chorei muito ofendida. Quando contei ao meu irmão que o bar não estava dando certo, ele se queixou de que tinha dívidas, que a situação estava difícil etc. Para não ver meus filhos com fome, fui à casa dele no horário do jantar. Na terceira vez, ele me disse: 'Estela, é melhor não vir mais aqui em casa. Não é certo vir jantar conosco. Não tenho obrigação de lhe dar nada'. Voltei chorando para casa. É melhor mesmo irmos morar com tio Bino e que Mariano entregue a moto, não a vendeu antes porque tem duas prestações para pagar e porque, para um dos empregos em que mandou currículo, a pessoa tinha de ter moto para entregar mercadorias."

Foi à sala e sentou-se no sofá. Isabela fazia a lição de casa, e Felipe via televisão. Para economizar energia, o aparelho era pouco ligado e, como o pai deixou, o garoto assistia atento ao programa infantil.

"Vou negociar tudo, levaremos as roupas, alguns brinquedos, os álbuns de fotografias, o resto tentarei vender e pagar as dívidas. Na véspera de mudar, vou telefonar para meu irmão e mãe avisando-os da mudança. Eles não ligam para mim, não deveria me importar com eles, mas me importo. Depois de instalados, escreverei somente para dizer que estamos bem. Nunca mais irei me queixar a eles."

Corrigiu a tarefa de Isabela, que foi, depois, assistir televisão. Estela tentou prestar atenção no programa, mas não conseguiu.

"Morar na casa dos outros é tão difícil! Fiz isto quando fui empregada. Gostei tanto de ter minha casa, um lar. Tudo passa. Tomara que tio Bino nos trate bem. Vou ser carinhosa com ele."

Mariano chegou e novamente fez sinal para ela ir ao quarto.

— Pronto, querida, uma parte está feita. Primeiro fui ao correio e passei um telegrama para titio. Escrevi que aceitamos o convite e que queremos ir o mais rápido possível. Na carta, ele disse que poderia mandar nos buscar com a caminhonete. Tomara que seja logo. Entreguei a moto, peguei o dinheiro e paguei ao senhor Antônio tudo o que devíamos, água, luz e aluguel. Ele me agradeceu! Você acredita? O senhor Antônio me agradeceu porque lhe paguei. Do bar, não devo mais nada. O que compramos, pagamos somente as primeiras prestações e, por falta de pagamento, eles retiraram tudo e não devolveram nada. A mercadoria, comprava somente à vista. Vamos agora ao mercado? Compraremos o essencial para nos alimentarmos por uns dias. Depois, irei pagar a energia elétrica, a água e os dois meses de aluguel desta casa. Espero que sobre um pouquinho para o caso de surgir alguma eventualidade.

Estela avisou aos filhos que iam ao mercado, e o casal foi andando rápido, sentiam-se envergonhados por dever aos vizinhos.

— Vou comprar sabão, não quero levar roupas sujas para a casa de seu tio — disse Estela.

Compraram tudo o que anotaram e o fizeram rápido, não queriam se encontrar com conhecidos. Voltaram para a casa.

— Vamos fazer agora o nosso jantar. Não almoçamos e estamos com fome — determinou Mariano.

Foram à cozinha e prepararam os alimentos.

— Que cheiro gostoso! Vamos ter comida? — perguntou Felipe.

— Sim, meu filho — respondeu Mariano —, vamos ter um jantar muito gostoso. Teremos bifes.

Os quatro jantaram, comeram bastante.

— Vamos fazer de conta — Mariano falou baixinho para a esposa — que não temos problemas, que tudo está certo.

Ficaram alegres.

No outro dia, levantaram-se cedo. Enquanto Estela trocava as crianças para ir à escola, Mariano fazia o café. Depois, deu leite aos filhos, com bolachas que eles gostavam.

Estela esperou, como de costume, os filhos entrarem na escola e entrou também. Foi conversar com a diretora. Conhecia-a, ela era filha de sua ex-patroa. Falando rápido, explicou:

— Meu marido arrumou emprego em outra cidade. Queria as transferências dos meus filhos. Estamos para mudar, não dá para esperar as férias. Estamos passando por sérias dificuldades, e este emprego é a nossa salvação. O empregador já arrumou uma casa para morarmos. Peço-lhe, por favor, que me dê as transferências como se eles tivessem terminado o ano letivo. Eu não sei ainda o nome da escola em que irão estudar.

— Vou ajudá-la — afirmou a diretora, compreendendo o drama de Estela; ela sabia das dificuldades da família. — Repetirei as últimas notas deles, tanto Felipe como Isabela são bons alunos e darei as transferências. Mas, até mudar, traga-os à escola.

— Sim, os trarei. Muito obrigada.

— Quando tiver a data certa para se mudar, me avise.

Estela voltou para casa. Mariano determinou:

— Estou lavando as roupas, farei o almoço e você vá conversar com os vizinhos. No almoço, contaremos às crianças sobre nossa decisão.

Estela foi, eram sete os vizinhos a quem deviam alguma coisa: a dois, eram somente mantimentos; aos outros, eram alimentos e dinheiro. Contou a verdade.

— Mariano se endividou com o bar, que não deu certo. Venderam fiado e não receberam. O tio dele nos convidou para morarmos com ele. Como não vemos outra alternativa, aceitamos e estamos para nos mudar. Levaremos somente nossas roupas. Não sei como agradecê-los pela ajuda que nos deram. Vamos vender os móveis, tudo o que temos. Quero saber se, em troca do que lhe devemos, não querem ficar com alguma coisa. — E completava, variando: — "A senhora queria uma outra geladeira, a minha está muito boa"; "Não quer o meu fogão?"; "Tenho um bom roupeiro" etc.

Negociou. Somente um dos vizinhos não quis ficar com nada, e Estela pagou-o. O restante ia ficar com alguma coisa e até voltaram dinheiro.

"Como Deus é bom nos colocando entre pessoas boas", pensou ela agradecida.

Fez uma lista dos objetos e quem ficaria com eles. Em casa, Mariano e ela organizaram tudo.

— Depois do almoço, vou pagar a energia e a água que devemos da casa. Após, irei ao locatário dar esta quantia, é o aluguel de dois meses; direi que, recebendo mais, irei pagar o restante. Depois, irei à loja que compra e vende móveis usados para negociar com eles o restante de nossas coisas.

Quando terminaram de almoçar, Mariano falou aos filhos.

— Felipe e Isa, vamos à casa do tio Bino. Iremos logo. Ficaremos lá por uns tempos.

— E a escola? Iremos nas férias? — Perguntou Isabela.

— Iremos logo — respondeu o pai.

— Meus filhos — Estela resolveu explicar —, vocês sabem que papai tem procurado emprego e não encontrou. Ficamos sem dinheiro. Temos o que comer porque papai vendeu a moto. Tínhamos dívidas que estamos pagando. Tio Bino nos convidou para ficarmos com ele até tudo voltar ao normal. Resolvemos aceitar. Como não vamos precisar mais dos móveis, lá tem de tudo, estamos vendendo para pagar as dívidas.

— Vamos ficar sem nada? — perguntou Isabela.

— Como disse, na casa do tio Bino tem de tudo. Quando voltarmos, compraremos novamente — falou a mãe em tom carinhoso.

— Não vou mais à escola? — perguntou Felipe.

— Você e Isa irão até à véspera da mudança — respondeu Estela. — Conversei com a diretora, ela lhes dará as transferências, e vocês foram aprovados.

— Como chama mesmo a casa de tio Bino? — indagou Felipe.

— Na Sombra da Montanha — respondeu Mariano.

— É um bonito nome. Será que poderemos conhecer a montanha? A que faz sombra? — quis o menino saber.

— Com certeza — respondeu o pai.

— Não vou mais ver minhas coleguinhas? — perguntou Isabela.

— Lá você terá outras amigas — disse Mariano.

— Moraremos com tio Bino — Estela falou, tentando animá-los. — Porém, não é definitivo. Ficaremos lá por uns tempos e depois voltaremos.

— Posso contar aos meus amigos que viajaremos? — pediu o garoto.

— Sim, pode — autorizou a mãe —, diga que passaremos uns tempos na casa de um tio.

— Vocês irão gostar de lá! — Mariano suspirou. — É um lugar muito bonito, a casa é enorme, tem cavalos, galinhas, patos e vocês poderão correr pelo quintal e jardim.

— Será que tio Bino é bonzinho? — Indagou a menina.

— É, sim, meu bem. Gosto muito deste tio. É ótima pessoa. Vocês irão gostar dele — afirmou Mariano.

— Deve ser bom morar numa casa que tem cavalo, galinha e pato! — exclamou Isabela. — Estou gostando. Quero ir!

"Que Deus ajude para que isto aconteça: que gostemos de lá, que tio Bino goste de nós, e nós, dele", Estela desejou ardentemente.

2
A mudança

No outro dia à tarde, quarta-feira, Mariano recebeu um telegrama do tio informando que, na sexta-feira, pela manhã, às oito horas, seu empregado José Elídio estaria em frente da casa dele para trazê-los, que estivessem prontos porque os esperava para o almoço. Foi uma correria para arrumar tudo. Estela combinou com os vizinhos para buscarem o que haviam trocado no outro dia. Vieram até outros vizinhos para comprar e ela acabou vendendo mais alguma coisa, escondendo o dinheiro. Mariano foi buscar o comerciante que negociava móveis usados. Ele comprou alguns e já ia tirá-los da casa. Enquanto os carregava, o locatário bateu palmas.

— Senhor Mariano — disse ele, ao vê-lo à porta —, quero ver se pagou a água e a energia.

Mariano mostrou os comprovantes.

— Mesmo assim, faltará pagar dois meses e treze dias do aluguel, além da água e da luz deste mês.

O comerciante de móveis acabou de carregar e foi pagar Mariano, que recebeu o dinheiro e o entregou ao locatário.

— Embora duvide — disse o dono da casa — que me mandará o restante, escrevi neste papel o que me deve.

Mariano pegou o papel e foi com os filhos para o cômodo no quintal organizar os brinquedos. O proprietário da casa despediu-se, mas logo voltou e conversou com Estela.

— Como irão fazer para me entregar a chave da casa? — perguntou.

— Vou deixá-la com a vizinha e, na casa, ficará alguma coisa, como os colchões: o senhor dê ou, se quiser, fique com eles.

Estava aborrecida, o senhor falava alto, os vizinhos escutavam. Entendia que ele tinha razão, eles deviam, mas tinham intenção de pagar. Sentiu vontade de dar o pouco de dinheiro que escondera, mas não o fez, este seria para uma emergência. Se não desse certo ficar com tio Bino, o que fariam? Se tivessem de se mudar de novo, para onde iriam? Pelo menos tinha o suficiente para comprar passagens de ônibus ou para um remédio. Decidiu não dá-lo ao locatário.

— O senhor me desculpe, mas agora não pode ir embora? — pediu Estela. — Temos muito o que fazer.

— Sobrou ainda muita coisa. Se venderem, quero o dinheiro.

— Senhor, estes outros móveis são dos vizinhos, são para pagar dívidas.

— Paga a eles e não a mim?

— Estamos pagando proporcionalmente. Por favor!

Estela não aguentou e lágrimas escorreram pelo rosto. Mariano e as crianças estavam no quintal, e ela temeu que o marido escutasse, viesse ver o que ocorria e começasse outra discussão. Mariano se exaltava com facilidade e acabaria brigando com aquele homem, não queria que os filhos presenciassem uma cena deprimente. O homem, vendo-a chorar, se acalmou.

— Está bem, vou embora. E espero que realmente vocês me paguem. Não posso ficar no prejuízo. Deixem o que quiserem e tentarei vender, abaterei na dívida ou ficará para os juros.

Foi embora, tendo a certeza de que não receberia o restante e que ficaria no prejuízo.

Dormiriam em colchões no chão e tinham somente duas cadeiras para sentar. Estela tentou fazer de tudo para parecer uma aventura.

— Vamos colocar estes colchões na sala e sentaremos neles para ver televisão. Amanhã à noite dona Ivone vem buscá-la.

"Pelo menos teremos o que comer", pensou Estela.

Tentando suavizar a situação, ela brincou, e os quatro acabaram rindo por dormirem no chão da sala.

No outro dia, quinta-feira, levou-os à escola, entrou também e pegou as transferências. Em vez de voltar para a casa, entrou numa igreja e orou por uns quinze minutos, pedindo proteção para a nova maneira que viveriam e que tio Bino os ajudasse realmente.

Depois, foi a um bar e comprou fichas telefônicas. Foi a um orelhão e ligou primeiro para dona Marta, agradecendo-a e pedindo que orasse por eles. Recebeu votos de boa mudança. Telefonou também para duas amigas, se despedindo, e depois para a mãe e o irmão. Para todos falou:

Na sombra da montanha

— Vamos ficar uns tempos com um tio de Mariano. Meu marido irá trabalhar lá. A cidade é pequena, mas acolhedora; a casa é grande, com um quintal enorme. As crianças terão bastante espaço para brincar. Escrevo mandando o endereço.

Escutou alguns comentários e respondeu, agradecendo os bons votos para que tudo desse certo.

"Nem meu irmão nem mamãe quiseram saber detalhes, foram frios comigo. Parece que se sentem aliviados por saber que ficarei longe e por não ter lhes pedido nada. Se Deus quiser, não mais pedirei. Meu irmão até recusou dar alimentos para os sobrinhos. Que eles fiquem em paz! O melhor é esquecê-los."

Voltou para casa. Encontrou Mariano negociando outros objetos com vizinhos e conhecidos destes.

— Obtive, com a venda de nossas coisas, uma quantia irrisória. Vou guardar, podemos precisar. Se não der certo com titio, dá pelo menos para pagar o ônibus para voltar.

— Não podemos pensar nisto! — exclamou Estela. — Temos de ir esperançosos de que irá dar certo. Tem de dar! Por favor, querido, pense positivo. Vamos ter paciência com seu tio e rogar a Deus que dê paciência a ele para nos aturar. Vir embora? Para onde? Por favor...

— Você, como sempre, tem razão — concordou Mariano. — Estamos indo invadir a vida pacata do titio. Vou fazer de tudo para não contrariá-lo. Com certeza, ele já me arrumou um emprego, espero que seja no sítio. Vou trabalhar e guardar dinheiro. Você controla as crianças para não perturbá-lo e eu vou ganhar nosso sustento.

"Será difícil isto ocorrer", pensou Estela. "Mariano sempre promete e não cumpre. Será que não é ele quem faz as coisas erradas? Age erroneamente para que tudo o que faz não dê certo? Talvez o tio consiga fazê-lo um homem responsável. Se não der certo, voltar para onde? Estamos agora somente com roupas, nem poderemos ter casa. Vendemos tudo."

Depois do almoço, Mariano levou o fogão para uma vizinha.

— Vamos jantar na pizzaria e amanhã tomaremos o café na padaria.

As crianças se alegraram. À tarde, a casa estava quase vazia e as malas, prontas. Os brinquedos das crianças foram colocados em duas caixas.

— Se der, levaremos as bicicletas; se não for possível, prometo, quando conseguir, comprar outras — disse Mariano.

Dormiram juntos, como na noite anterior. Estela demorou para adormecer. Estava preocupada, apreensiva.

"Meu Deus! Que tudo dê certo! Espero que o tio Bino nos aceite de bom grado. Dai-nos paciência. Sei como é ruim morar em casa alheia. Ajude-me a agir para não incomodá-lo muito. Ave-Maria..."

Estela, havia muito tempo, ao orar a Ave-Maria, na segunda parte, dizia: "Maria, mãe de Jesus..." Isto porque acreditava que Maria era realmente mãe de Jesus, um espírito sábio, que nascera entre nós para ensinar a todos o caminho certo.

No outro dia, o casal estava apreensivo, e as crianças, ora eufóricas ora entristecidas por deixarem a escola, os amiguinhos e os vizinhos.

Alegraram-se por tomar café na padaria. Às sete horas e cinquenta minutos estavam prontos. Mariano esperava no portão. Faltavam três minutos para as oito horas, quando estacionou, em frente à casa, uma caminhonete cabine dupla. O condutor desceu sorrindo e se apresentou:

— Sou José Elídio, empregado do seu tio Epaminondas, vim buscá-los. Bom dia! Reconheço-o, é o senhor Mariano, não é?

— Bom dia! Sou, sim, o Mariano. Como vai? Lembro-me do senhor também.

— Por favor, não me chame de "senhor". Ontem mesmo o senhor Epaminondas nos recomendou chamá-lo de "senhor", e de "dona", a sua esposa.

"Titio com suas etiquetas. É melhor não contrariá-lo."

— Estamos prontos — informou Mariano.

Os três saíram da casa.

"Ainda bem que caberá tudo o que encaixotamos", pensou Estela.

Mariano apresentou José Elídio à família.

— Lembro-me da senhora. Faz tempo que foi ao Na Sombra da Montanha. As crianças cresceram e estão muito bonitas.

— Agradeço-o, senhor — disse Estela.

— Querida, titio não quer que o chamemos de "senhor". Ele a chamará de "dona".

Estela abriu a boca para falar, mas fechou em seguida e sorriu. Não gostava de ser chamada de "dona" nem de "senhora".

— Crianças, todos me chamam de Zé. É assim que devem me chamar, por favor.

— Sim, o chamaremos de Zé — concordou Estela.

Ele abriu a caçamba e tirou um baú e duas caixas grandes de madeira.

— Temos bastante espaço — informou Zé. — O senhor Epaminondas disse que, neste baú, a senhora deve colocar as coisas que deseja guardar, mas que não irá usar no sítio. Trouxe também estas caixas; se quiserem, podem usá-las.

Entraram na casa com as caixas e o baú. Rapidamente, o casal tirou tudo das caixas de papelão e, seguindo as orientações, encheram o baú e as caixas de madeira. Zé e Mariano carregaram a caminhonete. Acostumado, José Elídio organizou e coube tudo, até as bicicletas.

— Ainda tem um espaço — falou Zé. — Se a senhora quiser encher as caixas de papelão, podemos fazê-lo.

Estela colocou as louças da cozinha, pratos, talheres, xícaras... e as crianças pegaram mais brinquedos.

Tudo carregado, fecharam a casa, deixaram a chave com a vizinha e se despediram dos que saíram à rua para vê-los ir embora. Mariano acomodou-se na frente; Estela e as crianças, no banco de trás. Partiram.

O casal tentava disfarçar, mas estavam receosos. Estela esforçou-se para não chorar, e os meninos estavam quietos. José Elídio começou a conversar e tentou alegrá-los.

— Vocês gostam de pássaros? Lá no sítio tem muitos. O senhor Epaminondas não deixa ninguém matá-los ou prendê-los. Temos dois locais em que colocamos alimentos

Na sombra da montanha

para eles. E a passarada agradece cantando. São mansinhos e não se assustam com a nossa presença.

Felipe se entusiasmou, fez várias perguntas sobre os pássaros, José Elídio respondeu, e passaram a conversar.

— A viagem é de quatro horas — informou o motorista. — Iremos parar num posto. Vim ontem e dormi num hotel. O senhor Epaminondas mandou.

— Você sempre obedece o senhor Epaminondas? — perguntou Felipe.

— Ele é meu patrão — respondeu José Elídio —, mas também é amigo. Não é obedecer, é cumprir ordens. Ele é seu tio.

— Papai, como vou chamá-lo? — Felipe quis saber.

— De "tio" — respondeu Mariano. — Quando chegarmos lá, irei perguntar se é "tio Bino" ou "tio Epaminondas". Enquanto não soubermos, é melhor todos chamarem-no somente de "tio".

A viagem foi tranquila.

— Estamos chegando — informou o motorista. — Na frente da montanha, está a casa do meu patrão; seguindo a estrada, vamos à cidade. Abriremos a porteira e, por uma estrada de chão, caminharemos por uns quatrocentos metros e nos defrontaremos com a casa.

— O que é "porteira"? — perguntou Felipe.

— Um portão diferenciado — respondeu Mariano.

— Cadê a montanha? — indagou o garoto, observando tudo.

— Ali! — mostrou o pai.

— Aquela é a montanha? — admirou-se o menino.

— Parece muito pequena — opinou Isabela.

— Não é um morro? — Felipe estava curioso.

— O que é, eu não sei — respondeu Mariano. — Morro? Pode ser. É uma montanha e ponto final. Uma montanha pequena.

— Esta elevação tem trezentos e oitenta metros de altura — explicou José Elídio. É um lugar bonito. Quando seu tio comprou a propriedade, esta montanha era feia, estava desmatada, tinha alguns pés de café velhos. Meu patrão adquiriu muitas mudas de árvores e, por três anos, plantamos, replantamos, e deu resultado: as árvores cresceram, e o local passou a ser habitado por alguns animais silvestres. É, de fato, lindo! Tem uma nascente d'água que, com o reflorestamento, revigorou-se. Ela corre para o outro lado, para a fazenda vizinha.

— O tio fez isto para o outro fazendeiro? — perguntou Felipe.

— Devemos cuidar da natureza para nós e para os outros — respondeu o empregado do sítio —, é isto que meu patrão afirma. À tarde, quando o sol está deste lado, fica atrás da montanha, e a casa tem uma sombra refrescante. A propriedade do senhor Epaminondas começa na porteira, tem as terras no fundo e a montanha.

"Morro!", pensou Felipe.

— Titio tem plantação? — perguntou Mariano.

— Temos um pomar com muitas árvores frutíferas, e ele normalmente planta milho, feijão... e temos uma horta. Na frente da casa, tem um bonito jardim.

— Quem cuida da casa? — Estela quis saber.

— Silmara limpa a casa, é a empregada mais nova, tanto na idade como no tempo de casa. Josemar é a cozinheira, as duas dividem as tarefas domésticas. Temos também João da Cruz ou, como chamamos, Dacruz. Ele mora com a mulher, Isaurinha, numa casa perto da horta. Josemar dorme na casa, num apartamento do lado da cozinha; Silmara e eu moramos na cidade. Em época de plantio ou colheita ou para alguma eventualidade, serviço extra, são contratados trabalhadores diaristas.

Chegaram à porteira. José Elídio, deixando a caminhonete ligada, desceu e abriu. Mariano desceu também. O motorista entrou no veículo, passou pela porteira, e Mariano a fechou, entrando na caminhonete em seguida. Agora, devagar, foram pela estrada de terra levantando poeira.

"'Porteira' é um portão realmente diferente", pensou Felipe. "Tábuas de madeira em forma de X e que rangem."

A caminhonete parou em frente à casa.

— Com certeza, o senhor Epaminondas os está esperando para o almoço. Também estou com fome. Vou almoçar e depois descarregar a caminhonete.

O proprietário da casa veio recebê-los sorrindo.

— Meus sobrinhos! Sejam bem-vindos! Como as crianças cresceram! Estão lindos!

Abraçou-os.

— Titio! — exclamou Mariano.

— Oi, tio! — disseram as crianças.

— Boa tarde! — cumprimentou Estela.

Isabela observou, curiosa, o jardim. Os canteiros eram divididos por caminhos de terra e algumas pedrinhas. Tinha muitas plantas, pequenos arbustos e algumas flores. Tudo misturado. Era bonito. Do lado direito, em frente à casa, havia um cercado redondo de pedras de três metros de diâmetro por uns quarenta de altura, onde estava uma árvore morta, seca. A garotinha afastou-se do grupo e se aproximou da árvore.

— Vamos entrar e almoçar — convidou Epaminondas.
— Depois lhes mostrarei a casa.

"O lugar é agradável", pensou Felipe. "A casa está no sopé do morro e dá para vê-lo muito bem. Ele é majestoso! Quero ir lá. Espero poder ir. É a montanha! 'Montanha', porque chamam-na assim? Será sagrada ou misteriosa? Talvez seja a morada de heróis."

Em frente a área, estavam os outros três empregados. O dono da casa os apresentou. Cumprimentaram-se.

Estela prestou atenção na casa. Era grande, com muitas janelas; na frente, era rodeada por uma área onde tinha cadeiras, redes, vasos e mesinhas. Era cercada por um trabalho de madeira muito bonito de uns cinquenta centímetros de altura. Para entrar na área, tinha cinco degraus. Estava tudo muito bem conservado: a pintura era nova, azul-clarinha; os beirais das janelas e as portas eram brancos; e as madeiras, todas recém-envernizadas.

Estela ia subir os degraus quando deu por falta da filha. Olhou pelo jardim e a viu parada em frente da árvore morta. Foi rápido para perto da menina. Não quis gritar. Aproximou-se e percebeu que ela estava distraída.

— Isabela, meu bem, vamos entrar. O que está olhando?

— A árvore — respondeu a garota. — Está seca, mas ora parece bem verde, com flores amarelas. Está vendo?

Estela arrepiou-se.

"Meu Deus! Não! De novo não! Tomara que Isa não comece de novo. Não aqui! Não teremos dona Marta para nos acudir."

Olhou para a árvore, não era muito alta, talvez tivesse uns três metros de altura, devia ter sido mais alta. Estava seca, nenhuma folha. Pegou na mão da filha e pediu:

— Venha, querida, vamos almoçar e depois conhecer a casa.

Entraram, lavaram as mãos e se sentaram à mesa.

— Aqui, na cabeceira, é o meu lugar — informou Epaminondas. — À direita, se sentará Mariano e, depois, Felipe; à esquerda, Estela e Isabela. Temos horários certos para as refeições. Hoje almoçaremos mais tarde porque os esperei chegar. Quando começarem as aulas, as crianças almoçarão mais tarde.

"Titio", pensou Mariano, "continua com horário para tudo. Talvez seja por ter sido militar".

O almoço foi colocado à mesa.

"Que banquete!", pensou Estela. "Com certeza, quis nos agradar."

— Vamos agradecer o alimento — disse Epaminondas.
— Obrigado, meu Deus, por ter este alimento à mesa e por ter saúde para comê-los. Abençoe este dia em que recebo meus sobrinhos e que eles sejam protegidos neste lar. Amém! Vamos nos servir. Espero que estejam com fome. Eu estou!

Estela serviu Isabela, e Mariano, Felipe. Comeram em silêncio. A comida estava gostosa. Depois, foi servida a sobremesa, um doce caseiro. O dono da casa falou:

— Normalmente, costumo dormir após o almoço. Hoje não o farei, vou mostrar a casa a vocês. Aqui é a sala de refeições: café da manhã, almoço, jantar e chá da tarde. Em frente à porta de entrada, por onde passamos, é a sala de estar, de visitas. Quase não as recebo. — Foi andando na frente, e os quatro o acompanharam. — Aqui, nesta outra sala, é onde assisto televisão, já aviso que não pega muitos canais. Tenho, neste canto, um aparelho bom de som. Vou adquirir músicas do gosto de vocês. Aprecio músicas clássicas.

Enquanto andavam, Epaminondas explicava, e Estela observava.

"Tudo é simples e de bom gosto", pensou ela. "Na sala de estar, tem sofás e mesinhas e, na de televisão, tem dois sofás e uma poltrona que, com certeza, é onde titio se acomoda. Os tapetes são persas."

— Perto da sala de jantar, por esta porta, iremos à cozinha.

Silmara estava lavando louças, sorriu para eles. A cozinha era grande: tinha um fogão à lenha e outro a gás, uma mesa pequena com quatro cadeiras, uma pia enorme e muitos armários.

— Aqui — o dono da casa continuou mostrando — é a dispensa. Não tenho paciência de fazer compras. Espero que minha sobrinha o faça agora para mim.

Estela sorriu e observava tudo com atenção na cozinha, tinha uma geladeira grande e um freezer moderno.

— Por esta porta, descemos ao quintal. Depois o conhecerão. Descemos por uma pequena escada e nos defrontamos com a horta e, depois desta, está o galinheiro. Vamos conhecer os quartos.

Voltaram à sala de estar: no canto direito estava uma porta aberta, que atravessaram e se depararam com um corredor.

— São seis quartos! Exagero! — exclamou Epaminondas. — Acomodei as crianças num mesmo quarto até elas se acostumarem e, no do lado, está o dormitório de vocês. São todos suítes.

— Não lembrava da casa assim — falou Mariano.

— Eu a reformei. Imagina que nesta casa enorme havia doze quartos com dois banheiros somente. Foi uma reforma e tanto. Fiz isto pensando que talvez vocês viessem morar comigo ou que, quando eu morrer, ficasse mais fácil de vendê-la.

— Titio, como devemos chamá-lo? — perguntou Mariano.

— Como você me chama?

— De "tio Bino".

— Continue. Chamem-me assim, todos vocês: de "tio Bino". Estou contente por tê-los comigo. Espero que se sintam à vontade. Este primeiro quarto é das crianças. A vista deste lado é linda, dá para ver um pedaço do jardim e a montanha.

— A montanha é encantada? — perguntou Felipe.

— Bem... não sei. Ela é linda! — respondeu Epaminondas.

— Dá para ver a árvore? A que ora está seca e ora não? — perguntou Isabela.

— Isa, por favor — pediu a mãe.

— O nome dela não é Isabela? Chamo as pessoas pelos nomes, sem diminuí-los. Seu nome é bonito. Não, não dá para ver aquela árvore daqui. Não sei nem explicar porque não a substituí. Todas as vezes que penso em cortá-la, desisto.

— Talvez ela não deixe, não queira — falou baixinho a menina.

Somente a mãe escutou porque Felipe andava pelo quarto e exclamava entusiasmado:

— Nossa! É grande! Que maravilha!

Realmente o quarto estava bonito. Era grande, com um armário de seis portas, duas camas de solteiro e uma mesinha no meio. As colchas eram estampadas com motivos infantis. Epaminondas abriu a porta do banheiro. Isabela se assustou. Estela pegou em sua mão e apertou.

O banheiro era grande e bonito. Tudo estava arrumado com toalhas e sabonetes. Os homens saíram do quarto, Estela e a filha ficaram para trás, e a mãe perguntou à menina:

— O que a fez se assustar?

— Tive a impressão de ter visto uma moça. Mas acho que foi a toalha.

As duas se reuniram com eles para ver a suíte do casal. Era também grande, com armário e um espaçoso banheiro.

"Nunca pensei em morar num local assim", pensou Estela. "Que luxo! Será que está perfeito demais? Não quero ser pessimista, mas nada é perfeito. Sinto algo no ar."

— Aqui era outro quarto, que fiz de escritório. Tenho muitos livros. Podem pegar para ler, mas peço-lhes para ter cuidado. Livros são tesouros que ensinam, distraem, são companheiros...

Havia, nesse cômodo, uma grande escrivaninha, duas poltronas, um sofá pequeno e, nas três paredes, estantes com livros. Uma janela espaçosa iluminava bem o local de leitura.

— Esses outros cômodos estão quase vazios — informou Epaminondas. — Penso que, assim que as crianças acostumarem, poderão dormir em quartos separados. Quando comprei a casa, havia alguns móveis: uns ficaram onde estavam, outros coloquei naquele quarto do fundo. Aqui — ele abriu uma das portas — coloquei uns brinquedos, e as crianças poderão fazer dele um local para brincar.

— Nossa! — exclamou Felipe.

Isabela abriu a boca, seus olhos brilharam, e correu para uma boneca grande. Havia muitos brinquedos. Os dois ficaram encantados.

— Vocês poderão brincar à vontade. Coloquem aqui os brinquedos que trouxeram ou, se quiserem, levem alguns para o quarto de vocês. Vamos ver os outros. Este está vazio, tem somente um armário, em que poderão guardar o que trouxeram. Este último é meu espaço. Por favor, não entrem se não forem convidados. Não gosto que mexam nos meus pertences pessoais. Olhem daqui da porta para não ficarem curiosos. Tenho uma saleta, meu quarto, e esta porta é a do banheiro. Nada de mais. Mas não gosto que entrem aqui.

"Porta vedada", pensou Felipe. "Mistério!"

"Será que titio tem armas em casa?", indagou Mariano a si mesmo.

"Realmente, ele não tem nada de mais no seu quarto", concluiu Estela. "Uma cama grande, poltronas, armários, banheiro como os outros, mas tem belos tapetes."

— Conheceram a casa. Agora José Elídio irá descarregar a caminhonete, e vocês deverão colocar seus pertences nos armários. Fiquem à vontade por aí. O chá é sempre às quatorze e trinta, mas, como almoçamos hoje mais tarde, será às quinze e trinta. Escutarão o sino e deverão ir à sala de refeição. Agora irei descansar um pouco.

Epaminondas entrou no seu quarto e fechou a porta.

— Não devemos fazer barulho enquanto tio Bino estiver repousando — pediu Estela.

— Mamãe, posso ir ao quarto de brinquedos? — perguntou Isabela.

— Eu também quero ir — falou Felipe.

— Vocês organizarão somente seus brinquedos — determinou Mariano. — Sua mãe e eu cuidaremos do resto.

As caixas e as malas foram trazidas para o corredor. As bicicletas ficaram na área. O casal foi colocando as roupas nos armários.

"Temos poucas roupas, os armários continuam vazios", pensou Estela.

As crianças se entusiasmaram com os brinquedos novos, não sentiram o tempo passar. Quando escutaram o som baixo do sino, lavaram as mãos e foram à sala de refeição tomar o chá.

— Aqui está perfeito demais! — exclamou Estela em tom baixo.

— Estou gostando demais desta casa! — Felipe estava entusiasmadíssimo.

— Terei amigos! — falou Isabela. — Gostei muito dos brinquedos novos. Vou colocar o nome nesta boneca de Esmeraldina.

— Que nome estranho. Onde ouviu isso? — perguntou o irmão.

— Sei lá. Penso que ouvi. Mas vou chamá-la de Mimi. É carinhoso.

Alegres, foram tomar o chá.

3

Propriedade Na Sombra da Montanha

Os quatro recém-chegados admiraram-se com a mesa posta: havia doces, bolos, pães e bolachas. Não tinha como não comer muito.

"Pelo visto", pensou Epaminondas, "a situação deles estava difícil mesmo. Devem ter passado fome. Logo se acostumarão com os alimentos em fartura."

— Meninos, agora vou acompanhá-los à área externa para que conheçam toda a propriedade. Se você, meu sobrinho, quiser ir com Estela, nos acompanhe ou podem acabar de colocar seus pertences nos lugares.

O casal preferiu acabar de guardar o que trouxeram. O tio e as crianças saíram da sala.

— Estela — disse Mariano baixinho —, você deve ter notado que titio é mandão.

— Vamos tentar nos adaptar. Estamos bem instalados, e a mesa é farta.

— Você está mais magra. Passou fome, não foi?

— Vamos esquecer o que passamos, o importante é que agora nossos filhos ficarão bem. Vamos acabar de colocar as roupas das crianças nos armários.

Logo acabaram tudo. Sentaram-se no sofá da sala e esperaram pelo tio e os filhos.

Epaminondas saiu com as crianças. Ao vê-las, sorriu e pensou:

"Crianças realmente alegram qualquer local. Será muito bom tê-las comigo."

— Você podem brincar à vontade no jardim. Somente não maltratem as plantinhas. Não colham as flores, elas são belas vivas nos canteiros. O Dacruz água-as quando não chove. Tenho plantas mais resistentes. Ali está ele. Dacruz, venha ver meus sobrinhos.

As crianças gostaram dele, que sorriu, cumprimentando-as.

— Dacruz está comigo desde que comprei a propriedade. Ele já morava aqui. Reside com a esposa Isaurinha numa casa do outro lado.

— No quintal? — perguntou Felipe.

— A área é muito grande para ser chamada de quintal, mas, se quiserem chamá-la assim, tudo bem.

— O senhor deixa eu ajudar o Dacruz quando ele for cuidar do jardim? — perguntou Isabela.

— Tudo bem, porém não vá atrapalhá-lo. Pergunte antes o que pode fazer — Autorizou o tio e explicou: — Dacruz cuida também da horta e do pomar. Quando precisa de ajuda, contratamos trabalhadores diaristas. Vamos agora para a parte de trás da casa.

Passaram por um corredor ao lado direito da residência.

— Temos passagem dos dois lados da casa — informou o proprietário.

— Aqui antes não havia um muro? — perguntou a garotinha.

— Muro? Sim, havia. Quando comprei a casa, desmanchei-o. Como sabe disto? — indagou Epaminondas.

— Tio Bino, aqui tem maritacas? — Felipe perguntou, não deixando a irmã responder. — Gostaria de vê-las. É verdade que elas roem os fios?

— Temos poucas destas aves por aqui. Às vezes escutamos o barulho que fazem. Já ouvi comentários de que elas roem os fios elétricos, mas, por aqui, isto não acontece. Pronto, chegamos. Este é o quintal!

— Que grande! — exclamaram os irmãos admirados.

— Deste lado é o pomar, temos muitas árvores frutíferas. Vocês podem pegar o que quiserem, somente não podem desperdiçar, como pegar uma manga e comê-la pela metade. Entenderam?

— Sim — ambos responderam.

— Nesta mangueira, mandei fazer dois balanços, para que possam balançar. Podem subir nas árvores. Se não souberem, Dacruz os ensina. Aqui está o galinheiro. Ali, temos uma torneira que abastece o local com água. Estas aves são tratadas duas vezes por dia. Não entrem nele sozinhos, as aves podem se assustar. Aquele galo é valente, tem ciúmes de sua morada e não gosta de estranhos. As aves têm de acostumar com vocês e, mesmo depois, poderão entrar, mas com a Josemar.

— Tem muitas aves? — quis o garoto saber.

— Sim, temos. Elas são para nos alimentar e nos fornecer ovos. Quando se excedem esses alimentos, mando para a creche na cidade. Ali tem uns patos que ficam soltos. Vamos andar mais um pouco. Temos ali uma plantação de milho, e aqui é a horta. Todas as verduras e legumes que consumimos vêm da horta. Tudo que é excedente também mandamos para a creche. Do lado esquerdo, lá no fundo, fica o pasto, onde temos três vacas e dois cavalos.

— O morro, digo, a montanha é do senhor mesmo? — Felipe estava curioso.

— Ela faz parte do sítio. Vou levá-los para andar por lá ainda nestas férias. Iremos fazer um piquenique. Sairemos cedo, comeremos lá e voltaremos à tarde. Vocês dois podem andar por toda a propriedade, mas não estraguem nada e não mexam sem antes perguntar se podem. Perguntem a mim, ao Dacruz ou ao José Elídio, que estamos sempre por aqui. Vejam que bonito! Neste horário, o sol começa se esconder atrás da montanha, fazendo sombra na casa. Não é lindo?

As crianças escutavam o tio com atenção. Olharam para o céu e para a montanha.

— Foi o senhor quem deu o nome a este lugar? — perguntou Felipe.

— Quando comprei, aqui era chamado de Fazenda Santa Luzia. Achei o local muito bonito e sossegado. Já na primeira semana, ao ver o sol atrás da montanha, mudei o nome do lugar. É sugestivo, não acham?

— Muito! — exclamou Felipe.

— Não havia uma igrejinha? — perguntou Isabela.

— Estava em ruínas, e eu a desmanchei. Todos os locais são para orar. Como sabia da igrejinha? — Epaminondas olhou para a garota.

— Todas as fazendas têm uma. Vimos isto nos desenhos animados — respondeu Felipe.

— Ficava logo ali, no jardim — apontou Epaminondas para o lado direito. — Vamos entrar, irão tomar banho e jantaremos. Depois, com certeza, irão descansar, pois devem estar cansados. Então, gostaram do lugar?

— Muito, mas muito mesmo! — Felipe estava alegre. — A comida é deliciosa. Teremos muitos lugares para brincar. Titio, somos obedientes e não lhe daremos trabalho. Aqui é lindo! A montanha é também!

— E você, Isabela, gostou?

— Gostei, sim. Tudo é lindo, mais do que antigamente.

Epaminondas pegou nas mãos deles e subiram a escada, entraram na casa.

— Temos quarenta minutos para nos banhar e vir para o jantar — determinou o tio.

As crianças, contentes, acompanharam a mãe, que as levou ao banheiro e as ajudou no banho.

— Mamãe, aqui está maravilhoso! — exclamou Felipe. — Nem estou com fome e já é hora do jantar.

— E você está gostando, Isa? — a mãe quis saber.

— É muito bonito! A montanha realmente faz sombra!

Chegaram cinco minutos antes à sala de jantar. Epaminondas os esperava.

Na sombra da montanha

— Isto é bom! — aprovou o dono da casa. — Gosto de pontualidade. Horário é horário e deve ser respeitado. Se um de vocês tiver de se atrasar por algum motivo, que avise. Tomo o meu desjejum às seis horas. Mas não precisam se levantar tão cedo. O café estará na mesa até as oito horas; depois desta hora, se quiserem, terão de tomá-lo na cozinha. Todo jantar tem sopa e o que restou do almoço. Se Estela quiser fazer algo diferente, fique à vontade, mas tem de ter sopa no jantar.

— Josemar cozinha muito bem. A comida está muito gostosa — elogiou Mariano.

— Não temos sobremesa no jantar, isto para não engordar. Doces, somente no almoço e no chá da tarde — informou o proprietário da casa. — Depois da refeição, vocês podem ver televisão ou ficar na sala de estar conversando.

— Ninguém sai à noite lá fora? — perguntou a menina.

— Podem sair, há luzes na varanda que podem ser acesas. Quando queremos, por algum motivo, andar por aí, levamos lanternas. Você quer ir lá fora?

— Não, não quero — respondeu Isabela. — Não gosto de escuro. Vou ter de dormir no escuro?

— No seu quarto tem abajur. Pode ligá-lo — autorizou Epaminondas.

Acabaram de jantar.

— Mariano, quero conversar com você, vamos ao escritório — pediu o tio.

Estela e os filhos foram à sala de televisão e a ligaram. Ali, pegava somente dois canais; escolheram um e ficaram assistindo.

Tio e sobrinho entraram no escritório. Epaminondas fechou a porta, sentou-se numa poltrona e convidou, com a mão, Mariano a se sentar próximo a ele.

— Meu sobrinho, convidei-o para ficar aqui com sua família. Este fato influencia muito minha vida de solteirão solitário. Espero que dê valor ao meu gesto como também que fique atento para não haver excesso. Pelo que vi e o que José Elídio me contou, de fato, vocês estavam na pior. Não vou sustentá-lo! Não mesmo! Quero que você assuma o sustento de sua família, que é maravilhosa. Começará a trabalhar na segunda-feira.

Mariano, por duas vezes, tentou interromper o tio, mas ele não lhe deu chance e continuou a falar.

— Pelas circunstâncias, por o estar ajudando, interfiro em sua vida. A localidade aqui é pequena e não temos muitos empregos. No meu pequeno sítio ou chácara, como é chamado este pedaço de terra, você não tem o que fazer. Não posso deixá-lo no lugar de um empregado. Não mesmo! Não quero dispensar ninguém, ainda mais sabendo que você é instável. Meus empregados estão comigo há muito tempo. Por isso, arrumei, com um amigo, emprego para você, é numa loja de ferragens. Ele vende um pouco de tudo: produtos agrícolas, ferramentas, sementes, desde pregos a martelos. Espero, quero, que goste e que dê certo, como também desejo que seja um bom empregado. Já que começa na segunda-feira, você tem amanhã e domingo para fazer aqui o que deseja. A loja abre às sete horas e trinta minutos e você estará lá neste horário. Aqui terá moradia e alimentos, mas terá de comprar roupas para vocês e materiais escolares para seus filhos. Seu ordenado não será muito, mas com certeza dará para os gastos.

— Eu... — falou Mariano.

— Desculpe-me — interrompeu Epaminondas —, não quero sua opinião. Terá de ser assim e será. Talvez tenha pensado em outra coisa, mas isto está resolvido. Vou levá-lo na segunda-feira e apresentá-lo ao senhor Joaquim. Como terá uma hora e trinta minutos para o almoço, poderá fazê-lo em casa. E, para ir e voltar do trabalho, poderá ir de bicicleta ou caminhando. Agora vamos nos juntar a eles na sala de televisão.

Mariano ficou calado, foram à sala, sentaram-se, e o tio conversou com as crianças. Estela notou que o marido estava aborrecido, mas não comentou nada. Vendo que os filhos estavam com sono, Estela falou:

— Vamos dormir? Levantamo-nos cedo e estamos todos cansados.

— Vou verificar se a casa está fechada. A partir de segunda-feira, será você, Estela, quem fará isto. Vou ensiná-la. Vou ficar vendo mais um pouco de televisão e depois irei dormir.

Despediram-se com boas-noites. O casal e os filhos foram para os quartos. Entraram no dormitório das crianças.

— Troquem de roupa, escovem os dentes — ordenou a mãe.

O casal acomodou-os na cama. Estela ligou o abajur e apagou a luz.

— Esta claridade está boa para você, Isa?

— Está, sim. Vamos orar. Estou com sono.

Oraram orações decoradas e finalizaram com o Pai-Nosso.

— Lembrem-se, meus filhos, não vamos trancar nem esta porta nem a do nosso quarto; se precisarem, vão até lá. Boa noite! — disse Mariano.

O casal saiu e foram para o quarto deles.

— Como foi a conversa com seu tio? Senti-o preocupado ou que ficou aborrecido — Estela quis saber.

Mariano a puxou para o banheiro, fechou a porta e respondeu baixinho:

— Titio me arrumou um emprego! Tinha esperança de que ele tivesse mudado, porém continua mandão, resolve e pronto. Tratou-me como um moleque que nem arrumar emprego sozinho consegue. Começo a trabalhar na segunda-feira numa loja de ferragens. Terei horário para tudo e posso escolher ir caminhando ou de bicicleta. Titio tem a caminhonete e um carro, mas não me emprestará. Falou que me levará somente no primeiro dia para me apresentar ao dono. Não é um absurdo?

— Mariano, vamos ter paciência, por favor. Lembro-o de que até fome passamos. Aqui tem fartura. Pense nas crianças, elas estão bem instaladas. Estamos bem instalados. Não faltará comida, Felipe e Isa não terão de comer merenda na escola para não passar fome. Seu tio, do jeito dele, está tentando resolver nossas dificuldades. Pensou que seria difícil para você pedir emprego.

— Não poderia ajudá-lo aqui? Ele afirmou que não, porque, se eu ficasse trabalhando no sítio, teria de mandar um empregado embora, e isto ele não quer fazer, porque eles estão há tempos trabalhando para ele, e disse também que sou instável. Estou com vontade de chorar. Não queria trabalhar numa loja.

Estela abraçou-o. Naquele momento, achou que o tio fora severo demais com seu esposo, mas tentou consolá-lo.

— Meu bem, talvez seja melhor você ter um emprego independente. Dará certo, irá gostar, e aí poderemos mudar, ter nossa casa.

— Você também terá tarefas. Com certeza, tio Bino determinará o que fará — falou Mariano.

— Acho justo e até prefiro. Ajudando nas tarefas da casa, me sentirei útil. Não quero ser hóspede. Desejo mesmo fazer algo.

— Sendo assim, sinto-me melhor. Talvez tenha razão. Trabalhando aqui, seria, além de morador de favor, empregado de titio.

— Numa loja de ferragens não estará em contato com bêbados e desocupados, como era a maioria dos frequentadores do bar, mas atenderá trabalhadores e, com certeza, pessoas educadas. Com seu ordenado, talvez consiga guardar uma parte para comprar uma outra moto. Não esqueça, querido, que, por mais que tentemos não dar trabalho, viemos modificar a rotina de seu tio.

— Vamos dormir, estou cansado.

Estela orou muito, pediu a Deus que desse certo morar ali.

No outro dia, logo após o café, Estela deixou as crianças no quarto de brinquedos, foi à cozinha e indagou Josemar sobre como lavar roupas. Após escutar as explicações, foi aos banheiros, pegou as roupas que trocaram no dia anterior e as lavou. Possuíam poucas roupas, por isso tinham que ser lavadas e passadas todos os dias. Depois de ver as crianças, que continuavam brincando, foi ajudar na cozinha.

Após a sesta do almoço, Epaminondas convidou-os para dar uma volta de caminhonete pela propriedade. Gostaram do passeio, viram as plantações e o pasto.

— Amanhã, antes do almoço, levo-os à cidade — decidiu o tio.

O casal entendeu que a vida ali seria rotineira, com horário para tudo: dormir, levantar, café da manhã, almoço, chá da tarde e jantar.

Domingo, logo após o café da manhã, Epaminondas informou:

— Vamos à cidade. Vou lá somente quando tenho algo para fazer; se não, é o José Elídio quem vai para mim. Não gosto de fazer compras e será você, Estela, quem as fará. Não vou à missa. Não tenho religião como rótulo, sou somente religioso. Vocês fiquem à vontade para frequentar o culto que quiserem. Domingo é dia de missa. Creio que tem em três horários. Às oito horas e trinta minutos, tem uma. Vamos à cidade e, se quiserem ir à igreja, eu os espero conversando com amigos. Nós a conheceremos numa volta de trinta minutos.

Estela pensou que há tempos não ia à missa, desde que Isabela começara a ver vultos e o padre afirmara que era o demônio e que a menina era endiabrada.

— Também não vamos à missa — falou Estela.

— Vamos, então, ao passeio — convidou Epaminondas.

Na sombra da montanha

Acomodaram-se na caminhonete. Ao parar na porteira, Mariano desceu para abri-la. Estela olhou para trás e comentou:

— De fato, a casa fica à tarde na sombra da montanha. O lugar é magnífico!

— Ainda bem que gostou — Epaminondas sorriu contente. — Realmente, o lugar é bonito. Vocês serão felizes aqui. A montanha é como mãe, acolhe todos à sua sombra.

Conheceram rapidamente a cidade.

— Aqui é a sorveteria; ali, a padaria; nesta rua estão as lojas. Como veem, não são muitas, mas podemos comprar roupas e calçados. A praça é pitoresca e, na frente dela, está a igreja. Nesta rua, no final, tem um templo evangélico e, perto, um centro espírita. Os seguidores de Kardec fazem muitas caridades. Ali está uma escola para os jovens e, do outro lado, a escola onde estudarão. Tem bons professores e vocês, crianças, irão gostar. Mariano, ali está a loja em que trabalhará.

Mariano observou-a, era relativamente grande se comparada às outras lojas que viram, tinha duas vitrines e, por elas, viam ferramentas de todas as espécies.

"Será que vou gostar?", Mariano estava preocupado.

— Vimos tudo. Querem passear na praça? — perguntou o tio.

— Não! — responderam juntos Estela e Felipe.

Voltaram para o sítio. Era realmente perto, a estrada era de terra, porém estava em bom estado de conservação, era plana e tinha somente duas pequenas curvas.

"Será fácil ir de bicicleta", pensou Mariano.

— Hoje fui eu quem preparou o café da manhã — contou Epaminondas. — Domingo é folga de quase todos os empregados. Como os animais não podem ficar sem alimento, Dacruz folga na segunda-feira. Josemar deixa pronto o almoço. Esquentarei e, depois, vocês me ajudarão a lavar a louça.

— Titio, eu lavo a louça e o ajudo com o almoço — ofereceu-se Estela.

— Meus domingos agora não serão mais solitários! — suspirou o dono da propriedade Na Sombra da Montanha.

Pararam na porteira, e Felipe pediu.

— Titio, posso descer para ver a porteira e voltar caminhando para a casa?

— Estes pedidos devem ser feitos à sua mãe — respondeu Epaminondas.

— Vou descer com você e caminhar um pouco — disse Estela.

Isabela também quis descer, e os três ficaram na porteira. Felipe examinou-a.

— Interessante, é realmente um portão diferenciado.

Depois de olhá-la bem, os três foram andando devagar.

— Por que, mamãe, você está assim?

— Assim como? — perguntou Estela.

— Deste modo.

Estela entendeu a filha. A garota sentiu a mãe apreensiva e tratou de tranquilizá-la.

— Estou bem, filhinha. Gosto daqui e com certeza ficaremos bem. Você está gostando?

Isabela mexeu com os ombros e foi Felipe quem respondeu:

— Eu estou gostando muito de Na Sombra da Montanha e não quero nunca mais ir embora. Olhem aquele passarinho! Será que canta?

Correu para vê-lo, e o pássaro, assustado, voou. Estela riu.

"Não devo ficar apreensiva. Tudo está certo e continuará."

4
A árvore seca

Na segunda-feira, o casal levantou cedo. Mariano se arrumou, fez a barba e foram tomar o café. O tio os cumprimentou sorrindo e, no horário marcado, levou o sobrinho à cidade de caminhonete. Estela ficou apreensiva, o tio chegou e não comentou nada. Mariano voltou para o almoço e também não falou sobre o emprego, porém sua expressão estava menos tensa. Voltou de bicicleta para o trabalho. O tio deu as instruções:

— A bicicleta é nova. Gosto às vezes de pedalar. Na garupa, tem esta caixa; nela, há uma boa capa de chuva e um protetor de plástico para os pés. Se a chuva o surpreender, use-os. Lá na loja tem local próprio para guardar a bicicleta. Bom trabalho, sobrinho!

Estela e as crianças ficaram vendo o pai até que passou pela porteira.

Na cozinha, fazendo o chá, Estela perguntou:

— Titio anda de bicicleta pelo sítio?

— Eu nunca vi — respondeu Silmara —, ele comprou a bicicleta na semana passada.

Ela então entendeu que o tio a comprara para Mariano.

À noite, quando o casal ficou a sós, Mariano comentou:

— Querida, acho que irei gostar do emprego. O senhor Joaquim é muito educado, fala em tom baixo, é simpático. Ele deve ter setenta anos. Tem paciência para ensinar e é entusiasmado, gosta do que vende. Você tinha razão, as pessoas que lá vão são educadas.

— Aprenda, Mariano, preste atenção e aprenda para que serve tudo o que é vendido para ser um bom vendedor.

— Vou ter um ordenado fixo, serei registrado e vou ganhar comissão de tudo o que vender. O senhor Joaquim me disse que, em mais três dias, poderei atender aos clientes. Na segunda-feira que vem, um dos vendedores, tem mais dois, sairá de férias. Gostei deles também.

Ela ficou aliviada e desejou que o marido não enjoasse deste emprego como ocorrera com os outros.

Estela aprendeu a abrir e a fechar a casa. Foi então que notou que havia nela objetos que julgou serem antigos e de valor. Tinha muitas peças de cristal, objetos de decoração de muito bom gosto.

"Com certeza", pensou ela, "titio trocou as travas das janelas e as fechaduras das portas, estas são novas. A casa fica bem fechada, ela é segura".

Sempre começava, tanto para abrir como para fechar, pelos quartos. Deixava a casa toda aberta logo após o desjejum. E, no primeiro dia que entrou no quarto em que eram guardadas muitas coisas, sentiu arrepios. Não gostou desse quarto.

"O que será que tem nesses armários?"

Mesmo curiosa, ela não os abriu. Somente não abria nem fechava as janelas do quarto do tio. Ali, somente Josemar entrava para limpar duas vezes por semana, e ele ficava junto.

"Manias", pensou Estela.

E nenhum deles entrou lá nem ficaram curiosos.

Ao abrir as janelas do escritório, Estela admirava um vaso de cristal quando Epaminondas entrou.

— É lindo, não é? — perguntou ele.

— Sim, a peça é encantadora. Ela é da casa? Quando o senhor comprou a propriedade, o vaso estava aqui?

— Não, havia somente alguns móveis. Nenhuma decoração. Pelo meu trabalho, mudei muitas vezes de cidade, fiz várias viagens pelo país e pelo exterior e fui adquirindo peças de decoração. Achava bonito, comprava e guardava. Quando reformei a casa, as coloquei para enfeitá-la.

— É tudo de muito bom gosto!

Epaminondas sorriu, Estela entendeu que ele gostava de cada peça e que talvez elas tivessem histórias como os objetos dela que foram vendidos ou trocados e os que trouxeram e continuavam nas caixas.

Já na primeira semana, Estela se organizou e passou a ajudar nas tarefas domésticas: lavava e passava as roupas de sua família, limpava os dois quartos e banheiros e ajudava na cozinha. No sábado, junto de Josemar, preparava o

Na sombra da montanha

almoço do dia seguinte e, domingo, fazia tudo sozinha por ser folga dos empregados.

Quando estavam na cozinha, as três mulheres, Estela, Josemar e Silmara, conversavam. Josemar chamou a sobrinha do patrão para conhecer onde dormia. Do lado direito da cozinha, por uma porta, ia para o apartamento dela; a parede deste aposento fazia divisa com o quarto do dono da casa. O apartamento era confortável, espaçoso como o banheiro, de mobiliário simples e uma televisão igual à que tinha na sala.

— Vejo minhas novelas daqui! — explicou Josemar. — No sábado, à tarde, vou para a cidade e volto ou domingo à noite ou na segunda-feira de manhã. Sou viúva há muitos anos, criei meus filhos sozinha. É um casal, e já estão casados. Fico, na cidade, na casa de minha filha.

— Como vai à cidade? — perguntou Estela.

— Às vezes de bicicleta, outras de carona com Silmara, que tem uma motinho. Levo sempre muitas coisas aos meus filhos. O senhor Epaminondas me dá frutas, ovos e frangos. Meu patrão é muito bom.

Estela gostou das pessoas que trabalhavam ali. Josemar era uma morena forte, simpática, sorria muito e era educada, logo se tornaram amigas. Silmara também era simpática e educada, se cuidava, vinha arrumada, até maquiada, para trabalhar, gostava de crianças, era solteira e desejava casar e ter filhos.

O dia a dia Na Sombra da Montanha era rotineiro. Isabela gostava de ficar no quarto de brinquedos, mas Felipe andava por todo o sítio com o tio ou com os empregados.

Epaminondas e o garoto tornaram-se amigos, ele perguntava demais, queria saber tudo o que acontecia no sítio, o tio explicava e achava o garoto inteligente. Felipe estava gostando muito de morar no campo.

O Natal se aproximava, e Epaminondas perguntou a Estela:

— Vocês costumam dar presentes às crianças?

— Sempre demos; quando temos dinheiro, eles ganham presentes melhores.

— E, no momento, não têm dinheiro, não é?

— Hum... é que... — Estela gaguejou.

— Entendo. Vou comprar algo para eles.

No chá da tarde, o tio perguntou:

— O Papai Noel costuma passar por aqui. O que vocês querem ganhar?

— Se ele desse qualquer coisa, iria pedir para ficar aqui para sempre — desejou Felipe.

O dono da casa sorriu.

— Com certeza isto acontecerá. Mas o que querem ganhar?

— Eu queria muito uma boneca grande — respondeu Isabela. — Agora já tenho a Mimi.

— Não quer mais nada? Algum brinquedo?

— Queria ter roupas para ela, gostaria de trocá-la — Isabela sorriu.

— Eu — falou Felipe —, se puder, gostaria de ganhar uma máquina fotográfica, uma que revela as fotos. Você bate a fotografia e, logo após, ela aparece.

— Interessante! — exclamou Epaminondas. — Vamos torcer para que todos ganhem presentes.

Quando as crianças saíram da sala, Epaminondas falou a Estela:

— Vou pedir para Silmara brincar com as crianças e vamos à cidade, quero comprar o que eles pediram, mas sou péssimo em compras. Você me ajudará.

Estela trocou de roupa, e ela e o tio foram à cidade.

— Aqui deve ter as roupas para a boneca. É uma loja de artigos para bebê.

A mãe de Isabela pegou duas roupinhas que achou que serviriam na boneca. Epaminondas pegou outras.

— Se a menina quer isso, que sejam muitas então — decidiu ele.

Foram numa outra loja de roupas de crianças.

— Pegue três trocas de roupas para Felipe e Isabela — ordenou o tio.

Estela não ousou falar nada. Obedecia. Mas, ao pegar as roupas, perguntou:

— Titio, posso pegar duas trocas e comprar tênis ou sandálias para eles?

— Pegue o que falei. Isto será presente de Natal. Amanhã voltaremos com as crianças, e serão elas que escolherão os sapatos.

Foram também a outra loja, de roupas para adultos, e Estela teve de escolher duas roupas para ela e outras duas para Mariano. E, por último, foram a uma loja de eletrodomésticos; o tio perguntou sobre a máquina fotográfica que

Felipe queria ganhar, encontrou e comprou. Estela não ficou nem sabendo quanto custou.

— Estas compras devem ser escondidas, serão presentes de Natal — determinou Epaminondas.

À noite, Estela contou para o marido.

— Tio Bino — concluiu Mariano — determina e pronto. Mas é boa pessoa.

— Penso que temos de lhe dar um presente. Mas o quê?

— A loja recebeu umas lanternas grandes, potentes e bonitas. Posso conversar com o senhor Joaquim e comprar uma para ser descontada no meu ordenado e a daremos de presente.

— Faça isto!

No outro dia, foram à loja de calçados. Epaminondas comprou para as crianças tênis, sandálias e uma bota para Felipe andar pelo sítio. O garoto se alegrou tanto que seus olhos chegaram a lacrimejar de emoção. O tio também pediu ajuda à sobrinha para comprar presentes para todos os empregados.

Passaram o Natal tranquilos, não cearam, não mudaram a rotina. No outro dia, cedo, as crianças encontraram os presentes na sala de estar embaixo de uma árvore enfeitada. Entusiasmados, abriram os pacotes. Gostaram dos presentes.

— Este é do senhor — falou Mariano. — Está escrito seu nome no embrulho.

Epaminondas pegou sorrindo o pacote, abriu e exclamou:

Na sombra da montanha

— Que lanterna bonita! Gostei muito! Há muitos anos não ganho presentes nem de aniversário nem de Natal. Obrigado!

Isabela gostou tanto das roupas da boneca que ficou a manhã toda trocando as roupas de sua Mimi. Felipe leu todas as instruções da máquina fotográfica e depois quis testá-la tirando fotos da família, da casa e do jardim.

O ano novo também foi de alegria. Nestes dois dias festivos foi folga dos empregados, então Epaminondas, Mariano e Felipe trataram dos animais, e Estela fez o almoço.

Entusiasmados, organizaram-se para fazer um piquenique no domingo na montanha. Os cinco saíram cedo, logo após o desjejum, e foram de caminhonete até um pedaço; depois, foram caminhando.

O passeio foi agradável, Epaminondas foi explicando as coisas que viam e contava casos. Eles viram animais, pássaros e árvores diferentes. Pararam na nascente, onde foram lanchar. Felipe era o mais entusiasmado, gostou do passeio. Após o descanso, desceram a montanha. Havia uma trilha. O tio prometeu a Felipe voltar novamente antes das aulas começarem.

Parecia tudo tranquilo. Mariano estava gostando do emprego e fazendo boas vendas. Felipe estava muito contente. Porém Estela continuava apreensiva. Foi então que ela prestou atenção na filha. A menina estava quieta, brincava muito no quarto dela ou no de brinquedos e estava sempre com a boneca Mimi.

"Será que estou me preocupando à toa?", pensou.

Resolveu prestar mais atenção na menina. Entrou no quarto e encontrou a menina brincando, trocava a roupa da boneca. Isabela tinha feito uma cama para Mimi ao lado de seu leito, onde colocou um lençol dobrado como colchão. Conversava baixinho.

— Oi, querida! — disse Estela. — Está brincando sozinha?

— Brinco com Mimi.

— Conversa com ela?

— Sim — Isabela foi lacônica.

— Mimi responde?

— Esta? Qual? A boneca? Penso que responde.

— "Qual?"! Tem outra Mimi? — perguntou a mãe.

Isabela sacudiu os ombros, estava ultimamente fazendo muito este gesto.

— Responda, filha — pediu Estela.

— A Esmeraldina.

— Ela responde a você? Conversam?

— Sim.

— O quê?

— Sobre tudo — respondeu a garota, falando devagar. — Por que veio aqui? Estou brincando de coisas sérias.

Olhou para a mãe que sentiu seu olhar estranho.

— Vim ver você e convidá-la para ver os patos.

— Não quero! Mimi não gosta muito de ir lá fora. Prefere ficar aqui.

Virou as costas e tirou a roupa da boneca.

— Você vem comigo! — Estela foi firme.

— Por quê?

— Porque eu quero!

Pegou na mão da menina, puxou-a para fora do quarto e tentou distraí-la no quintal. A garota, por uns trinta minutos, interessou-se pelos patos, sorriu ao alimentá-los.

— Ah, sim! Vou! — disse Isabela. Virou para a mãe e disse: — Devo entrar. Quero ir para o meu quarto.

— Por quê?

— Mimi está me chamando.

— Dona Estela — gritou Silmara —, a senhora vem fazer o bolo?

— Vou, sim — respondeu Estela.

Procurou pela filha e viu a menina entrar na cozinha. Foi fazer o bolo para o chá da tarde.

Durante o chá, prestou atenção nos filhos. Felipe estava sempre contente, se alimentava bem e conversava bastante. Estava eufórico porque, no dia seguinte, na quarta-feira, iria novamente à montanha com o tio. Ele se interessava bastante pelos animais e plantações. E, infelizmente, percebeu que Isabela conversava cada vez menos e estava se alimentando pouco. Tinha os afazeres da casa e tentou fazê-los o mais rápido possível para estar com a filha.

"Meu Deus, o que pode estar acontecendo com Isabela? Será de novo sua paranormalidade? Será que algo sobrenatural está afligindo a menina?"

Assim que acabou de ajudar na cozinha, Estela foi ao quarto da filha e a encontrou deitada em sua cama. Aproximou-se e a pegou no colo.

— O que você tem, filhinha? O que está sentindo?

— Moleza, mamãe. Estou muito cansada.

— Vamos brincar lá fora?

— Não quero. Prefiro ficar deitada — respondeu a garotinha.

Estela ficou ali, acariciando-a, e a menina dormiu.

"Será que está doente?", pensou Estela.

A mãe estava preocupada. Deixou-a dormindo.

No outro dia, sem o tio na casa, pois ele e Felipe foram à montanha, Estela tentou ficar mais com a filha e a levou para o quintal. Sentaram-se no balanço, a mãe estava com a menina no colo. Isabela se aconchegou e exclamou baixinho:

— Mamãe, me proteja! Quero a senhora! Não quero ser filha dela!

— Filhinha! Minha querida!

Ficaram abraçadas por alguns minutos. De repente, Isabela saiu correndo atrás de um passarinho. Passaram a tarde no quintal brincando.

Nem no resto da semana e nem na outra, nada aconteceu de diferente. A expectativa era o início das aulas. Mariano recebeu o ordenado e o deu para a esposa guardar, a fim de comprar material escolar. Foram fazer a matrícula, Epaminondas foi junto e comprou os uniformes. Estela pegou as listas dos materiais. O tio decidiu comprar também os tênis e as sandálias que faziam parte do uniforme.

— Titio, aqui na cidade não há pobres? Os uniformes são caros. Alunos podem ir à escola sem eles? — perguntou Estela.

— Você viu os preços dos uniformes? — indagou Epaminondas.

— Eu vi — respondeu Felipe. — Tinha três preços para as mesmas peças.

— Isso mesmo — falou o tio. — Os uniformes são todos iguais. As pessoas que podem pagam o preço mais caro; o preço intermediário é o de custo; e o terceiro é somente para constar que pagaram, mas, se não podem comprar, recebem também. Assim, todos os alunos vêm iguais para a escola. Comprei dois para cada e tive o prazer de pagar pelo preço mais caro; agindo assim colaboro para que todos os alunos venham às aulas uniformizados.

— Gostei! Que ideia interessante! — exclamou Estela. — A escola não corre o risco de alguns pais que podem pagar não o fazerem?

— Isso acontece. Infelizmente há pessoas que gostam de obter vantagens. Mas tem dado certo. A escola tem pessoas que ajudam, e a prefeitura também colabora.

O tio comprou os tênis e as sandálias.

— Vamos tomar sorvetes e depois iremos embora — determinou Epaminondas. — Amanhã, Estela, você, com as crianças, vem aqui novamente para comprar o material escolar.

Felipe estava entusiasmado, Isabela foi contagiada pelo irmão. A escola era espaçosa; o pátio, grande, tinha quadras de esporte e, nas salas de aula, as carteiras eram confortáveis. Gostaram do local onde iriam estudar.

No outro dia, voltaram, e Estela comprou, com o dinheiro que Mariano lhe dera, todo o material da lista e também mochilas e lancheiras.

— José Elídio — determinou Epaminondas — os levará à escola e, como é no mesmo horário que Mariano vai para o emprego, ele irá junto. Irão de caminhonete. José Elídio os buscará, meu sobrinho virá com eles para almoçar e voltará à loja de bicicleta.

"Titio determina tudo, mas devo admitir que resolve sempre da melhor forma", pensou a mãe das crianças.

Estela foi com eles no primeiro dia de aula e, como muitas mães entraram, ela também o fez. Conheceu as professoras dos filhos. Quando as crianças foram para as classes, despediu-se delas com beijos e voltou para o sítio com José Elídio.

"Quem sabe, com as aulas, Isabela se distrai", pensou.

Os dois gostaram da escola e dos novos amiguinhos. Mas, três dias depois, Isabela voltou a ficar calada, tristonha e a se alimentar pouco. A mãe não queria preocupar Mariano, que estava entusiasmado no emprego. Trazia para casa e lia com atenção revistas e artigos sobre os materiais que a loja vendia. Perguntava ao tio sobre os utensílios agrícolas e os dois conversavam animados sobre o assunto. Não queria incomodar o tio, receava aborrecê-lo e não sabia o que fazer.

"Será que devo levá-la ao médico? É melhor! Quando Mariano receber de novo seu pagamento, vou pegar o dinheiro e levá-la para uma consulta."

Mas Mariano recebeu e chegou em casa com uma moto.

— Meninos! Estela! Tio Bino! Venham ver a moto que comprei. Era do filho do senhor Joaquim. Pagarei em prestações que serão quase o valor todo meu ordenado. Valeu a pena! Está bem conservada — vendo a esposa com expressão preocupada, ele perguntou: — Não gostou, querida?

— Mariano, meu bem, não deveríamos pagar o locatário?

— Esqueci!

Mariano parou de rir, mas logo voltou a fazê-lo ao mostrar a moto ao filho. Epaminondas puxou Estela, afastando-a uns passos do sobrinho, e lhe falou baixinho.

— Quando José Elídio foi buscá-los, ele pagou o locatário.

— Como o senhor sabia que devíamos a ele?

— Mariano me passou um telegrama contando que, com a venda da moto e dos móveis, ia pagar todas as dívidas, ficaria somente devendo uma parte do aluguel da casa.

— Quanto o senhor pagou? — Estela quis saber.

Epaminondas falou a quantia.

— Devíamos bem menos!

— O que ele recebeu a mais ficará em sua consciência. Deixe Mariano ficar contente — e falou alto: — Bonita moto, meu sobrinho! Valerá o trabalho de meses para pagá-la!

— Depois do almoço, não irei mais de bicicleta para a loja, mas, sim, de moto — Mariano estava realmente contente.

No outro dia, Estela estava na cozinha fazendo o chá da tarde quando Silmara a chamou:

— Dona Estela, Isabela está chorando de novo lá no jardim, na árvore seca.

Ela largou o que fazia e rapidamente foi ao jardim. A filha estava sentada no cercado que rodeava a árvore, de cabeça baixa, com a boneca ao lado, e chorava sentida.

— O que houve, querida? Por que está aqui? Por que chora? — perguntou Estela aflita.

— Ela chora todos os dias aqui — respondeu a menina.

— Quem é ela?

— A Mimi.

Estela sentou-se na mureta e pegou a filha no colo.

— Filhinha, meu bem, não chore. Mamãe está aqui.

— Ajude! — exclamou a menina chorando.

A garota abraçou forte a mãe. Estela se levantou com ela no colo e a levou para a cozinha, sentou-a numa cadeira e foi acabar de preparar o chá.

Isabela ficou quietinha, tomou o chá com bolo.

— Vamos, querida, agora, fazer sua lição.

Foram ao escritório, e a garota, obediente, fez sua tarefa.

No outro dia recebeu um bilhete da professora de Isabela pedindo para ir à escola. Marcou o horário, era no período do recreio. Estela teve de informar o tio.

— Quer que José Elídio a leve? Será algum problema? — perguntou Epaminondas.

— Com certeza não. Professores gostam de conhecer os pais de alunos novos. Vou caminhando. Só que não poderei ajudar no almoço.

— Isto não tem importância. Josemar sempre fez a comida sozinha.

Estela, andando depressa, foi caminhando do sítio à escola. Chegou antes do horário marcado. Assim que as crianças saíram para o pátio, a professora a convidou para entrar na sala.

— Dona Estela — disse a professora —, chamei-a aqui porque Isabela ainda não se entrosou, penso que nem com a escola nem com os coleguinhas. É muito quieta, não conversa nem no recreio, come seu lanche, sentadinha sozinha num banco e continua lá até dar o sinal. Não está atenta. Mas o que mais me preocupa é isto.

Na sombra da montanha

A professora deu uma folha de papel para Estela, que leu:

"Minha mãe é bonita.
Gosto dela.
Não quero a outra por mãe.
Ela some e aparece."

— O que é isto? — perguntou Estela.
— Pedi para as crianças escreverem o que quisessem. No segundo ano, eles escrevem pouco e com alguns erros. Isabela escreveu tudo corretamente. A senhora não acha confuso?
— Sim, acho, eu não entendo.
— Isabela é adotada? — perguntou a professora.
— Não! É minha filha e de meu marido!
— Vou dar mais atenção a Isabela. Talvez a mudança de cidade, casa, e escola a tenha deixado insegura e confusa. A senhora deve também lhe dar mais atenção e carinho. Pode ir agora. Obrigada por ter vindo.

Estela saiu da escola com vontade de chorar e o fez assim que saiu da cidade, caminhando pela estrada.

"Meu Deus! O que está acontecendo? Será que Isabela não quer ser mais minha filha? O fato é que ela não está bem e não sei o que fazer. Mariano está bem no emprego, Felipe gosta demais do sítio, e eu também. Mas Isabela não gosta. Ela tem algo de diferente. Será influência de espíritos? Como dona Marta está fazendo falta!"

Chegou em casa, e o tio perguntou:
— O que a professora queria?

— Somente me conhecer. A professora é atenciosa.

"É melhor titio não saber. Com certeza não entenderá. Se tivermos de nos mudar daqui, iremos para onde?"

Como sempre, o almoço era um encontro prazeroso. Epaminondas mudou seu horário, e almoçavam todos juntos.

Antes do chá, o dono da casa lia o jornal na sala de estar e Estela arrumava a mesa da sala de jantar quando olhou pela janela e viu Isabela sentada no cercado da árvore seca. Rápida, foi até ela. Epaminondas, vendo-a sair com expressão preocupada, a seguiu. A mãe da menina não notou que o tio estava atrás dela.

— Isa, por que está aí? Por que senta no cercado?

— A árvore fica às vezes bonita, não fica? Verde com flores amarelas... Ora fica feia e triste...

Estela reparou novamente na árvore.

"Com certeza", pensou, "difere-se muito das outras plantas do jardim que estão vivas e floridas. Este galho é interessante, é voltado para o lado esquerdo. Poderia fazer nele um balanço. Embora seca, parece ter ainda alguma vida. Que mau gosto deixá-la aqui!".

Ela escutou um choro. Olhou para a filha. Isabela não chorava. Prestou atenção, era um lamento sofrido. Estela olhou para os lados e nada viu, virou para trás e viu o tio olhando-as.

— Será um gato? — perguntou Estela.

— Aqui não tem gato — respondeu Epaminondas. — Por gostar de pássaros, não tenho gatos.

— Quem chora? — perguntou a mãe, olhando para a filha.

Na sombra da montanha

— Mimi! — respondeu Isabela.

Estela pegou a filha, a boneca e entrou na casa. Epaminondas entrou atrás. A mãe levou a filha para o quarto e receou fazer mais perguntas à menina, que foi brincar de casinha. As duas ficaram ali e se esqueceram do chá.

5
Manifestações físicas

Depois do banho, Estela ligou a televisão para a filha ver, e a menina, obediente, ficou calada olhando para a tela.

— Felipe, quero ver seus cadernos. Vamos ao escritório!

— Mamãe, fiz toda a lição — reclamou o garoto.

No escritório, Estela viu que de fato o filho fizera a lição.

— Felipe, você tem notado que Isa está diferente?

— Diferente como?

— Mais calada, algo assim?

— Está muito calada — respondeu o garoto. — Nem briga nem brinca comigo. Ela somente se altera quando pego naquela boneca. Acho que é a boneca. Minha irmã conversa sozinha.

— O que ela fala? — Estela quis saber.

— Não presto atenção. Acho que foi ontem que a ouvi falar para a boneca: "Não sei se quero que seja minha mãe". Mamãe, você sabia que aqui teve uma igrejinha e um muro no jardim? Isa falou isto num dia que estávamos passeando com tio Bino. Ele perguntou como ela sabia, e eu tratei de inventar a resposta. Será que Isa está com aquelas coisas de novo?

— Se você vir que ela está agindo diferente, me chame, está bem?

A porta do escritório bateu, assustando mãe e filho. Estela sentiu frio.

— É o vento — falou ela.

— Posso ir? Quero ver televisão.

— Pode.

O garoto abriu a porta e correu, foi para a sala. Estela verificou as janelas, estavam fechadas. Arrepiou-se. Foi se juntar aos outros na sala.

No quarto, quando se preparava para dormir, Estela falou ao marido.

— Mariano, estou preocupada com Isa. Acho que voltaram aquelas esquisitices. Ela parece doente.

— Aquilo de novo? Oh, não, querida! Não deixe isto acontecer. Titio pode não gostar, não acreditar e talvez pense que estamos inventando. E se, por isto, ele não nos quiser mais aqui? Encontrei-me profissionalmente, estou gostando de lidar com ferramentas, fiz amizade com os colegas e com muitos fregueses, o senhor Joaquim me elogiou.

— Com seu ordenado, talvez consigamos viver em outro local — falou a esposa.

— Querida, isto no momento não é possível. Comprei a moto, e como montar uma casa? Não temos nada. O melhor é você vigiá-la. Fique mais com ela. Talvez nossa filhinha esteja sentindo a mudança. Você não está se preocupando demais?

"O problema, como sempre, é meu", pensou Estela. "Talvez deva levá-la ao médico. Posso pedir dinheiro emprestado ao tio Bino para pagar a consulta e usar o dinheiro que tenho guardado para comprar os remédios."

Demorou para dormir.

No outro dia, enquanto arrumava as crianças para irem à escola, perguntou à filha.

— Você gosta da escola?

— Queria, às vezes, ficar lá o dia todo — respondeu a menina.

— Por quê?

— Porque sim. Estou cansada, mamãe.

"Ela deve estar doente mesmo", pensou Estela.

À tarde, Felipe mostrou à mãe uma das fotos que tirara da irmã sentada na mureta da árvore seca. Do lado esquerdo da foto apareceu um vulto, parecia uma mulher de roupa clara e cabeça baixa.

— Não é estranho, mamãe? — perguntou Felipe.

— Deve ter entrado claridade na máquina. Vou guardar esta foto.

Felipe lhe deu, e Estela guardou-a numa gaveta em seu quarto. Naquele momento, achou que a fotografia apenas saíra ruim, mas depois receou.

"Será que Mimi foi retratada? Isto é possível? Deve ter sido uma falha da máquina."

Dias depois, quando foi arrumar os quartos, estava no corredor e ia abrir a porta do das crianças, Estela viu um vulto. Ela parou, sentiu gelar, arrepiou-se. Viu uma mulher com roupas claras e compridas, parecia chorar, o vulto saiu

Na sombra da montanha

do quarto dos filhos, passou pela porta fechada e entrou no dos brinquedos. Estela ficou parada por alguns segundos, depois entrou no dormitório, arrumou-o, sentou-se na cama e chorou baixinho: estava confusa, com medo, esforçava-se para não se desesperar. De repente, sentiu uma mão no seu ombro e escutou um choro. Apavorada, sentindo muito medo, levantou-se, foi ao banheiro, lavou o rosto e foi fazer suas tarefas. Resolveu ficar mais tempo com a filha.

Tentava fazer, pela manhã, todas as suas tarefas, para, à tarde, estar mais com a menina. Levava-a ao quintal, brincava com ela, mas Isabela queixava-se de estar cansada, queria se deitar. Preocupada, Estela percebeu que a filha emagrecera, seu olhar estava triste. Resolveu conversar com a filha sobre Mimi. Depois do almoço, foi para o quarto com ela.

— Filhinha, precisamos conversar. Estou preocupada com você. Tem estado cansada, quer ficar no quarto, conversa com Mimi... O que conversa com ela?

— Ela me conta casos. Chora muito porque é triste.

— A boneca? — perguntou a mãe.

Isa mexeu com os ombros.

— Você tem visto a mulher? — Estela insistiu.

Estava apreensiva e temia a resposta.

— Sim, ela quer ser minha mãe, porque não teve filhos. Mas eu quero você, e aí ela chora, chora muito.

— Você não quer isto, não é?

— Não sei, estou cansada, triste também, e choro — respondeu Isabela.

— Ela se chama Mimi?

— Esmeraldina, mas quer que a chame de Mimi ou "mamãe". Mas eu não quero!

— Ela está aqui agora? — Estela quis saber.

— Não, mas posso chamá-la.

— Então chame-a — pediu a mãe.

Isabela colocou as mãos nas laterais da testa e fechou os olhos, isto por alguns segundos. Abaixou as mãos, abriu os olhos e falou:

— Ela está aqui!

— Muito bem! — falou Estela em tom baixo, mas com firmeza. — Escute, alma do outro mundo. Quando se morre, tem que seguir seu rumo. Não pode ficar perto dos que estão vivos, encarnados. Está atrapalhando e muito. Eu sou a mãe da Isa! Eu! Não perturbe mais minha filha! Fora daqui!

Estela não sabia explicar como teve coragem de falar tudo aquilo, pois sentia a presença daquele espírito ali parado perto das duas. Escutou um choro. Olhou para a filha, ela não chorava. A menina olhava atenta, ora para o vulto, ora para a mãe.

— Mamãe, não dá certo. Já fiz isto, Mimi se afastou, e o Coisa Ruim veio me perturbar, ele é medonho, tive de chamá-la, ela me protege. O Coisa Ruim é mau mesmo. Mimi está chorando e falou que vai se afastar. Mamãe, estou com medo!

Estela abraçou a filha, pegou-a e foi com ela para a cozinha. Colocou-a sentada numa cadeira e foi fazer um bolo.

Minutos depois, Silmara entrou na cozinha apavorada, ela estava no quintal.

— O que foi, Silmara? — perguntou Josemar.

Ela não conseguia falar, estava branca e tremia. Tomou a água que Josemar lhe deu e falou gaguejando:

— Estava pegando ovos quando escutei uma gargalhada. Pensei, embora isto nunca tenha acontecido, que poderia ser o Dacruz ou o Zé. Olhei e não vi ninguém. Aí me jogaram goiabas, duas me acertaram. As aves se assustaram, e eu senti soprarem na minha nuca. Corri para dentro.

— Serão macacos? — perguntou Josemar. — Deve ser o barulho de algum animal e você confundiu com gargalhada. Macacos atiram coisas.

— Não sei...

Parou de falar porque Josemar a olhou séria. Isabela também olhou para a mãe, que sentiu no seu olhar um "Não avisei?". Escutaram barulho de portas batendo. Parecia que todas as portas da casa batiam, uma atrás da outra. Em seguida, José Elídio entrou na cozinha com a testa sangrando.

— Estava no jardim e fui atingido por uma pedrada. Jogaram muitas.

— Eu vou embora! Vou para casa, não estou me sentindo bem — falou Silmara.

— Não vai, não! — determinou Josemar. — Vá chamar o senhor Epaminondas, mas antes pegue para mim a caixa de medicamentos, aquela que está na dispensa.

Silmara pegou a caixa, e Josemar começou a fazer um curativo na testa de José Elídio, que estava branco e tremia. Ouviram portas batendo, barulho de louças sendo quebradas e de pedras sendo jogadas no telhado.

— Parece que alguém está rindo — disse José Elídio.
— Meu Deus! Ajude-nos!

Josemar começou a rezar.

Uma das bocas do fogão de gás acendeu sozinha. Estela desligou o botão, pegou Isabela no colo e correu com ela para o quarto das crianças.

— Isa, filha, chame por Mimi.

A garota fez como das outras vezes, colocou as mãozinhas nas laterais da cabeça e fechou os olhinhos. Demorou desta vez.

— Ela está aqui — informou a menina.

— Peça a ela para nos ajudar.

— Mimi está ouvindo, não preciso repetir.

— O que preciso fazer para ela nos auxiliar?

— Pedir desculpas — respondeu Isabela.

— Peço! Mimi, me desculpe! Socorra-nos! — Estela implorou, olhou para a filha e perguntou: — Ela vai nos ajudar?

Escutaram as aves do galinheiro fazendo um alvoroço, as galinhas estavam assustadíssimas.

— Por favor, Mimi — pediu Estela, e lágrimas escorreram por seu rosto.

— Ela disse que vai ajudar e saiu, sumiu — falou a menina.

Isabela abraçou a mãe.

A casa ficou silenciosa. Estela pegou a filha no colo e voltou à cozinha. A sensação que teve foi de que houvera uma grande tempestade e que esta passara. Epaminondas, Josemar, José Elídio e Silmara estavam na cozinha. Olhavam uns para os outros, estavam calados. Estela sentiu o cheiro forte, o bolo queimava. Desligou o fogão. Ela abriu a porta da cozinha, olhou para o galinheiro, as aves continuavam assustadas.

— Onde está Felipe? — perguntou a mãe.

Esquecera do garoto com a confusão.

— Ele foi com Dacruz ao pasto. Deve voltar logo — respondeu Josemar.

— Vamos, José Elídio, ao galinheiro; devem ter morrido aves — chamou Epaminondas.

O empregado estava com medo, mas foi.

— Será que acabou? — perguntou Silmara, que tremia assustada.

— Sim, acabou — afirmou Isabela.

Não tomaram chá naquela tarde. Estela, da porta da cozinha, viu que morreram algumas aves. Epaminondas e José Elídio tiraram-nas do galinheiro, deixaram-nas no chão do outro lado para ser enterradas e depois alimentaram as restantes.

— Façam o que for mais urgente — determinou o proprietário a Silmara e a José Elídio —, depois vão para suas casas e, por favor, não comentem o que aconteceu aqui com ninguém.

Os dois, minutos depois, foram embora. Felipe chegou, como sempre, contente, falando de cavalo. Ninguém contou nada a ele, não estavam com vontade de conversar. E aonde Estela ia, levava Isabela. Ela foi fechar a casa, viu dois vasos quebrados, assim como alguns enfeites, e retirou os cacos. Ajudou os filhos a se banharem. Foram jantar e, pela primeira vez, não teve sopa, somente o que restara do almoço.

Mariano e Felipe conversaram animados. Todos viram um pouco de televisão e foram dormir.

"Vou dormir aqui com Isa", pensou a mãe.

— Mamãe — falou a menina. — Tudo está bem agora. Mimi manda no Coisa Ruim, e ele obedece. Ela está falando que está tudo tranquilo e que não precisa dormir aqui.

Estela arrepiou-se, não respondeu, não queria mais se desentender com Mimi, pois vira o resultado. Beijou os filhos e foi para o seu quarto. Mariano já estava dormindo. Ela se deitou, não estava com sono e ficou pensando:

"Não posso deixar isto continuar. Não mesmo! Aqui tem almas perdidas ou desencarnados, como dona Marta diz. Está sendo muito complicado para mim entender o que está acontecendo. Preciso de ajuda. Necessito auxiliar minha filha. Vou conversar com tio Bino, espero que ele seja compreensivo, mas, se não for, paciência. Isabela é mais importante do que o conforto desta casa. Mariano pensa que titio pode nos mandar embora desta casa se ele souber que nossa filha é sensitiva, mas talvez titio compreenda. Todos viram a confusão que ocorreu nesta tarde".

No outro dia, Estela acordou cansada, abatida, sentindo dores pelo corpo e na cabeça. Assim que os filhos saíram para ir à escola, aproximou-se do tio.

— Titio, preciso conversar com o senhor, por favor.

— Venha comigo — pediu ele.

Levou-a para seu quarto e fechou a porta. Sentou-se numa poltrona e a convidou para se sentar próxima a ele. Estela resolveu contar o que estava acontecendo com a filha; tinha pensado e repensado durante a noite o que dizer, mas estava indecisa e nervosa. Decidiu falar a verdade, apesar do receio que sentia de ele não aceitá-los mais no sítio. Depois de uns trinta segundos calados, ela falou:

— É a primeira vez que moro numa casa assim, onde há fartura, tem conforto. Sou grata ao senhor por isto. Minha família é pobre, sou a filha caçula. Tenho uma irmã e um irmão. Meus pais brigavam muito, ele faleceu e, três meses depois, minha mãe trouxe para casa um homem. Minha irmã, a mais velha, foi trabalhar como babá, mas esta família se mudou para outro país e ela foi junto, onde está até hoje, não voltou mais, correspondemo-nos raramente. Meu irmão se entendeu com nosso padrasto. Este homem me olhava muito, principalmente quando mamãe não estava presente e até chegou a passar a mão nos meus braços e pernas. Contei a mamãe, que não acreditou. Uma tia, irmã de meu pai, arrumou emprego para mim de empregada doméstica para dormir no emprego. Parei de estudar e fui. Deu certo, senti-me aliviada por sair de casa. Conheci Mariano, namoramos, casamos e nos amamos. Demorei para perceber que meu marido é instável. Agora está muito entusiasmado com o emprego, mas já vi isto: esta euforia passa, começa a pôr defeito no que faz e, de repente, sai ou é mandado embora.

Estela fez uma pausa, suspirou e olhou para o tio: ele estava atento, mas de cabeça baixa.

— Mas — continuou Estela — não é isto que quero falar com o senhor. Isa, minha filha, desde pequena, sorria muito, parecia que alguém invisível brincava com ela; depois falava sozinha, dizia ter amiguinhos que ninguém via.

Epaminondas levantou a cabeça e olhou para ela, que sentiu vontade de parar de contar, porém continuou:

— Ela estava com seis anos quando nos mudamos de casa. Foi uma época difícil. Ela gritava à noite e acordava assustada, dizendo que tinha um homem no seu quarto. Começou a agir diferente, estava sempre com medo, não queria brincar nem ficar sozinha, emagreceu, não comia direito. Levei-a ao médico, que receitou vitaminas e calmantes. Não resolveu. Tive uma educação católica, porém ia pouco à igreja. Fui lá à procura de ajuda. O padre me tratou bem, mas não concordei com o que ele me falou e não voltei mais. Isa me falou que o homem que via lhe contara que ficara muito doente e que todos, os dois filhos, o abandonaram ali e que lhe doía a garganta. Conversando com uma vizinha, ela me contou que, antes de nós, residira ali um senhor com um casal de filhos e que era viúvo. Quando ele faleceu, os filhos venderam a casa e se mudaram. E foi esta mesma vizinha que, talvez percebendo que algo de errado estava acontecendo conosco, me convidou para ir me benzer. Fui com ela e levei as crianças. Conheci dona Marta, uma senhora muito boa, caridosa, que pediu para eu escrever nosso endereço num caderno e que voltasse mais vezes. Naquele dia, Isa dormiu a noite toda sem acordar ou gritar. Levei-a mais vezes, então vim a saber que o local aonde estávamos indo era um centro espírita e que dona Marta dava passes. Isa não viu mais o espírito deste senhor, que foi orientado e saiu de nossa casa, foi levado a um local para ser auxiliado. Passei a ir sempre ao centro espírita e levava as crianças para receber o passe. Isa não me deu mais preocupação até...

— Por favor, continue — pediu Epaminondas.

— Chegar aqui, nesta casa. Desculpe-me, titio, mas algo aqui não está certo. Não quero ofendê-lo nem parecer ingrata, o senhor tem nos ajudado tanto!

— Isabela é sensitiva? Conte-me tudo. Não estou ofendido. Sei de muitas coisas.

— Não é melhor o senhor me contar? Talvez eu possa entender.

— Vou lhe contar — Epaminondas suspirou. — Quando me aposentei, queria residir num sítio perto de uma cidade. Almejava sossego e tranquilidade. Uma pessoa me falou desta região, afirmou que era pacata e singela. Vim para cá e me hospedei no único hotel da cidade. Gostei do lugar. Aqui, Na Sombra da Montanha, há muitos anos, era uma enorme fazenda e, quando o casal proprietário faleceu, os filhos homens, que residiam em outros locais, venderam a propriedade. Dividiram-na em áreas e, depois, algumas foram redivididas. Este pedaço de terra estava à venda e teve muitos donos. Achei o preço razoável; para mim, valia mais. Fiquei sabendo que esta casa fora a sede, a moradia deste casal, dos primeiros donos que a construíram e que era assombrada. Não acreditei. Achei que, por ser velha, tinha alguns barulhos. Amei o lugar assim que o vi, comprei e vim para cá. Tinha ainda algum dinheiro guardado e recebo uma aposentadoria de valor razoável, então comecei a reformar a casa. Infelizmente, logo percebi que o local era, de fato, mal assombrado. Muitas coisas estranhas aconteciam. Morava, naquela época, na região, um índio, pelo menos ele dizia ser um. Contratei-o para nos livrar das assombrações, paguei caro. O resultado foi parcial. Ele afirmou que, por meio de queima de ervas e orações, fechou este pedaço, meu aposento, e garantiu que aqui nenhuma alma penada entraria. De fato, não entra mesmo, fez isto também na casa de Dacruz e no quarto de Josemar. Às vezes escutamos choro, vemos vultos ou jogam frutos na gente. Este índio fez um trato com um dos espíritos, não me pergunte como foi feito isto, não sei responder: eles não nos perturbariam muito, mas era para não cortar a árvore seca. Não cortei e eles não estavam nos prejudicando. Passamos a conviver com estes pequenos fenômenos. Os empregados não se importam muito, somente a ajudante não fica. Silmara está conosco há pouco tempo. Eu pago bem meus empregados, talvez por isso eles permaneçam no sítio. Penso que Silmara deve se demitir depois de ontem. Ainda há os gemidos, mas estes ocorrem à noite, e os que não moram aqui não os escutam.

— Gemidos? — perguntou Estela.

— Vocês não ouviram?

— Não!

— Todos os meses — contou Epaminondas —, no primeiro dia de lua cheia, esteja ela escondida atrás de nuvens ou não, lá pelas nove horas da noite, escuta-se um barulho, parece ser de chicotadas e gemidos. Normalmente são dezenove e depois somente se escuta gemidos de dor. É ruim escutar isto. Agora me conte, o que Isabela tem visto? É somente ela que vê ou ouve?

— Minha filha, assim que chegou ao sítio, foi para perto da árvore e disse que ora a via seca, ora verde com flores amarelas. Gostou demais da boneca e colocou o nome nela

Na sombra da montanha

de Esmeraldina, a Mimi. Para mim, ela conversava com a boneca, mas percebi que Mimi é um espírito que chora muito e... O perigo, pelo que entendi, é que esta desencarnada quer nossa menina para filha. Quer ser a mãe dela. Isa está confusa, não tem se alimentado direito, e Felipe me contou que ela fala muito sozinha, penso que é com o espírito. Não sabendo o que fazer, resolvi conversar com esta mulher, estava nervosa e desesperada, e Isa afirmou que este espírito estava no quarto; fui grosseira e a ofendi, percebo agora que falei coisas que não devia. A moradora do além saiu do quarto. Isa me disse que é ela quem controla o Coisa Ruim, que deve ser um outro espírito. E aí deu aquela confusão de ontem. Apavorada com os barulhos, com o que acontecera, levei minha filha para o quarto e pedi para ela chamar o espírito da mulher; ela o fez, eu me desculpei, e pararam aquelas manifestações. Titio, não estou louca, mas talvez fique.

— Pedi a todos os empregados para não falar a vocês o que acontecia aqui. Percebi que você se intrigou com a árvore seca no jardim. Segundo o índio, um dos espíritos que fica aqui, que não é tão ruim, não queria que a cortassem e, se eu a deixasse lá, ele controlaria os outros, nos protegeria. Confesso que receio cortá-la e deixar nervosa esta alma perdida. E a árvore está lá para lembrar que aqui também residem alguns espíritos. Não queria que soubessem disto, temi assustá-los, tive esperança de que não percebessem. Queria, quero, tanto que vocês se adaptassem, gostei muito de ter companhia. Felipe é uma alegria. Gosto do menino como a um filho. Vocês pretendem ir embora? Não queria que fossem.

— Eu com receio de lhe contar, e o senhor com o mesmo receio. Estava preocupada, pensei que o senhor pudesse não nos querer mais aqui. Titio, não temos para onde ir. Não queremos ir embora desta casa. Não quero! E, mesmo com estes problemas, estou aliviada por saber que nos quer aqui. Eu também vi vultos, senti calafrios e escutei portas baterem antes dos acontecimentos de ontem. Não me importo e poderia, como o senhor, me acostumar. Mas não posso ver passivamente o que está ocorrendo com minha filha. Fui chamada na escola porque Isabela não está enturmada, não conversa com ninguém, nem no recreio, está triste, apática e, com certeza, se continuar assim, ficará doente. Amo-a muito! Amo demais meus filhos!

Os dois se olharam e suspiraram.

"Não posso deixar umas assombrações levá-los daqui, não mesmo. Mas o que faço? O que poderei fazer para impedir?", pensou o proprietário do sítio.

— O índio! — exclamou Estela.

— Quando notei que Isabela poderia estar sendo afetada pelas almas penadas, fui atrás dele. Sabia que tinha se mudado. Não o encontrei. Parece que este índio não para muito tempo em lugar nenhum. Por mais que tenha indagado, não consegui saber dele.

— O que fazer? — perguntou Estela mais para si.

— É, o que fazer? — repetiu o tio.

Buscando auxílio

— Dona Marta! — exclamou Estela. — A senhora espírita que nos socorreu aquela vez. Talvez ela possa nos ajudar novamente.

— Bem lembrado! — concordou Epaminondas. — Mas como? Se tivermos de ir até lá, iremos. Se ela puder vir aqui... Estela, telefone para ela. Agora! José Elídio a levará à cidade, lhe darei fichas telefônicas, e você ligará; se não encontrá-la, volte à tarde e tente novamente. Peça a esta senhora, implore para que nos ajude. Ela cobra?

— Não cobra nada! O centro espírita auxilia os necessitados. Ajuda todos os que pedem.

— Estou pensando! — exclamou o dono da casa. — Poderíamos convidá-la para passar uns dias aqui, Na Sombra da Montanha, ela e algumas pessoas que trabalham na equipe. Como foi mesmo que o homem morto, o que estava na sua casa, saiu de lá?

— Os espíritas não falam "morto", chamam as pessoas que mudaram para o Além de "desencarnados" — explicou

Estela. — Dona Marta me esclareceu que algumas pessoas que desencarnam ficam desorientadas e perturbam os encarnados, os que vivem usando um corpo físico.

— Faz sentido! — exclamou Epaminondas. — Desencarnados são os que vivem sem este corpo e continuam vivos de outra forma.

— Aprendi, indo ao centro espírita e escutando palestras, que os motivos para desencarnados ficarem num local são muitos.

— Penso que os que estão aqui têm seus motivos. Devemos nos livrar deles, mas também ajudá-los. Estela, telefone para esta senhora, explique nossa situação, rogue por auxílio e a convide para vir aqui — repetiu ele.— Podemos hospedá-los. Na semana que vem, teremos um feriado na sexta-feira. Quem sabe eles não vêm? Estela, faça menos serviço em casa e fique mais perto de Isabela.

— Se na cidade tem um centro espírita, será que eles não podem nos socorrer? — perguntou Estela.

— Vamos, por favor, tentar esta senhora, sua conhecida; se não conseguir, iremos ao centro espírita da cidade. Aqui, a localidade é pequena, todos se conhecem e, infelizmente, existem comentários. Esta propriedade tem fama de assombrada. Se eu for lá pedir ajuda, é capaz de nem empregados conseguir mais. Você gosta do espiritismo?

— É uma religião muito fraterna, ajuda sem olhar a quem e seus ensinamentos são esclarecedores e explicam a justiça de Deus.

— Que reencarnamos muitas vezes? — quis saber o dono de casa.

— Acreditando nesta possibilidade, entende-se o porquê de tantas diferenças.

— Vá telefonar — pediu ele. — Se for agora, poderá esperar as crianças na saída da escola. Não esqueça de falar que, se eles quiserem vir, José Elídio os buscará e depois os levará. Aqui estão as fichas telefônicas; se quiser, ligue para mais pessoas. Tem um orelhão perto da escola.

— Escrevi cartas, na semana seguinte a que chegamos, para minha irmã, irmão e mãe. Somente minha irmã respondeu me desejando sorte na nova moradia. Agradeço o senhor, mas telefonarei somente para dona Marta. Vou me trocar, pegar o número do telefone dela e ir.

— Vou avisar José Elídio. Minha sobrinha, não devemos falar do que conversamos com ninguém. Sobre este assunto, devemos somente conversar aqui, que acredito que eles não entram. Se as assombrações ou, como você fala, os desencarnados desorientados escutarem, podem perturbar mais ainda, talvez eles não gostem que peçamos ajuda.

Com as fichas na mão, Estela foi ao seu quarto e trocou de roupa. Foi à cozinha e avisou que ia à cidade e que era para Josemar preparar o almoço e o chá.

José Elídio já a esperava; foram à cidade, pararam em frente à escola, ela pediu para o empregado esperá-la, foi até o orelhão, colocou as fichas e discou.

"Meu Deus, fazei com que dona Marta atenda!"

E ela atendeu. Marta alegrou-se por conversar com Estela, escutou-a atenta.

— Dona Marta — Estela falou rápido —, infelizmente, Isabela está me dando trabalho de novo. Nossa mudança para cá deu certo em parte. Mariano arrumou emprego, está gostando, Felipe está entusiasmado, a escola é boa. Nosso tio é gentil, excelente pessoa, a casa é grande, o local bonito, mas é assombrado. Penso que tem muitos ou alguns desencarnados perturbados na casa, no sítio. Isabela está tristonha, calada, chora muito, come pouco e conversa com um dos espíritos. Estou lhe pedindo ajuda. Por favor, nos auxilie! Será que a senhora, com algumas pessoas com quem trabalha, não vem aqui? Foi o tio Epaminondas quem pediu para convidá-los. Na casa, tem muitos quartos. Ele mandará um empregado buscá-los e levá-los de volta. Na semana que vem, tem um feriado. Será que não podem vir? Aqui é agradável, poderão passear e descansar. Dona Marta, a senhora está me ouvindo?

Estela falou sem parar.

— Sim, estou ouvindo. Entendi. O local é bom, todos estão gostando, mas o que está atrapalhando é que na casa tem desencarnados que os estão perturbando. É isto?

— Perturbam mais a Isa. A senhora quer que eu conte tudo?

— Não precisa — respondeu Marta. — Fale o endereço que vou anotar. Quanto a ir aí, pode ser, se tem essa facilidade de nos buscar e nos trazer. Depois de amanhã, nesta mesma hora, telefone novamente que lhe darei a resposta. Vou pedir a nossos protetores para os ajudarem e nos orientarem.

— Estes protetores são também desencarnados? — perguntou Estela.

— Como existem pessoas encarnadas boas e outras não, no plano espiritual também existem. Bons aqui, bons no outro lado e, com os imprudentes, acontece o mesmo.

— Pense com carinho na possibilidade de vir para cá, por favor! Confio tanto na senhora! — implorou Estela.

Ela falou o endereço e se despediram. A mãe de Isabela foi para a porta da escola. Mariano espantou-se ao vê-la; ele veio da loja, como fazia todos os dias, e esperava no portão para pegar carona e ir almoçar.

— Titio me pediu para dar um telefonema. Já o fiz — explicou ela.

As crianças alegraram-se em vê-la. Foram para a casa, almoçaram, Estela despediu-se do marido e, quando Epaminondas foi para o quarto como sempre fazia, foi atrás dele. Bateu de leve na porta, o tio abriu e ela entrou.

— Telefonei, titio! Dona Marta irá nos ajudar! Depois de amanhã vou telefonar para saber se será possível ela vir aqui e quantas pessoas virão.

— Enquanto esperamos pelo auxílio deles, fique mais com nossa menina, evite deixá-la sozinha.

Estela saiu do quarto do tio, entrou no dos filhos e encontrou Isabela deitada.

— Filhinha, vamos passear?

— Não, estou cansada, com sono.

Estela insistiu, mas Isabela queria dormir. Deixou-a dormindo e foi ver Felipe, que fazia a lição da escola. O garoto esperava o tio acordar para irem à plantação de milho. Ela aproveitou para lavar roupas e fazer um bolo. Depois voltou ao quarto, acordou a filha e saiu com ela para o quintal. Evitava o jardim, por causa da árvore seca.

Mãe e filha sentaram-se num banco. Estela sentiu a presença da mulher por perto e falou, tentando ser educada.

— Uma boa mãe quer que a filha se alimente bem, brinque ao ar livre para ficar sadia, quer sua filhinha alegre.

— Ela foi chorar na árvore — informou Isabela.

— Vamos balançar? Logo será servido o chá.

Estela sentou-se num balanço com a filha no colo. De repente, perto delas, caiu uma goiaba. Não havia por perto nenhuma goiabeira, estas estavam do outro lado do pomar. Ela se levantou com a filha e foi para a cozinha.

— Sirvo o chá, dona Estela? — perguntou Josemar. — O senhor Epaminondas e Felipe saíram e voltam somente mais tarde.

— Vamos tomá-lo aqui na cozinha. Onde está Silmara?

— Está limpando a área da frente — respondeu Josemar.

— Pensei que ela não viria mais.

— Silmara precisa do emprego — contou Josemar. — Como todos nós, precisa do seu ordenado. O senhor Epaminondas paga bem, é educado, um patrão compreensivo, depois...

— O que tem "depois"? — Estela quis saber.

— Bem... ora... é... Silmara gosta de alguém. Se não vier mais trabalhar aqui, não o verá.

"Será", pensou Estela, "que Silmara gosta do titio? Não! Estou lembrando agora que ela olha muito para o Zé. Com certeza, Silmara o ama e parece não ser correspondida. Não notei interesse dele por ela. Ainda bem que nossa ajudante não saiu."

Tentou ficar com Isabela o tempo todo. No dia marcado, foi, como da outra vez, à cidade telefonar para obter a resposta. Estava esperançosa e se alegrou quando escutou:

— Vamos na sexta-feira e voltaremos no domingo. Iremos, meu marido Juarez e eu, Marcelo e Elisa, que não são um casal. Marcelo é casado, sua esposa e o filhinho estão viajando, passarão o feriado na casa da mãe dela, que mora longe. Elisa é solteira. Tem acomodação para todos?

— Temos, sim. Será um prazer recebê-los.

— Nossos mentores irão também e eles mandaram lhe dizer para continuar sendo discreta, não afrontar o espírito da mulher, para ter calma que tudo se resolverá. Entendeu?

— Sim — respondeu Estela aliviada —, tentarei ficar calma, não afrontarei mais a desencarnada e terei paciência. Fale para mim o endereço, para que José Elídio possa buscá-los.

Anotou o endereço e combinaram o horário, às oito horas ele os pegaria. Aliviada e esperançosa, Estela esperou pelos filhos na porta da escola. Mariano não se admirou porque ela já havia lhe dito que ia fazer um telefonema para o tio.

Depois do almoço, contou ao tio a agradável notícia e planejaram.

— Vou agradá-los, comprarei doces caseiros, pegarei pães na padaria e pedirei para Josemar fazer comidas gostosas. Vamos organizar onde dormirão. O casal ficará no seu quarto, e você e Mariano dormirão no dos meninos num colchão no chão. É melhor, pode ser que os desencarnados fiquem mais bravos e você estará lá para protegê-los. Vou comprar uma cama e um colchão para colocar no quarto de brinquedo. No outro quarto já tem uma cama, somente o organizaremos para que fique mais agradável. Vamos agir normalmente, diremos aos empregados que receberemos visitas, que são amigos, e você conta na véspera para Mariano e peça para ele não comentar quem são os hóspedes — Epaminondas entusiasmou-se: — Vai dar certo! Tem de dar certo!

Estela esforçou-se para fazer o que foi lhe recomendado. Ficava muito com Isabela. Aquela noite, resolveu dormir com a filha.

— Não precisa, mamãe. Mimi me protege!

A mãe concordou e foi para seu quarto.

"Meu Deus, faça com que sexta-feira chegue logo."

No outro dia, ao ir ao quintal com a filha, sentiu o espírito perto. Viu a casa do Dacruz e lembrou que o tio contara que tanto lá como o quarto de Josemar e o dele estavam, pela reza do índio, fechados, eram lugares que os desencarnados não podiam entrar. Conhecia Isaurinha, ela era uma pessoa discreta, falava pouco e permanecia em sua casa. Resolveu visitá-la.

— Isaurinha! — gritou Estela em frente ao portão.

— Boa tarde, dona Estela! Olá, menina Isabela!

Isaurinha abriu o portão e sorriu ao cumprimentá-las.

— Viemos visitá-la, isto se não for atrapalhar.

— É um prazer. Entrem. Aceitam um café? — perguntou a esposa do Dacruz.

— Não, obrigada. Viemos somente para vê-la, conversar um pouquinho...

Sentaram-se, e Isabela viu, sobre a mesa, um joguinho de montar. Ficou olhando-o.

— Quer brincar? — perguntou Isaurinha. — Meu neto esqueceu esse jogo aqui em casa. Pode pegar!

A menina pegou, examinou as peças e ficou tentando montar. Estela viu fotos na parede, e a dona da casa, percebendo que ela as olhava, explicou:

— Essas fotos são de meus filhos. Três. Este é o mais novo, mora na cidade, é casado e tem dois filhos moços. Esta é a filha, também casada, com dois filhos adultos, o meu neto mais velho deverá se casar no final do ano.

— E o outro? — Estela quis saber.

A foto era de um homem bonito, estava de uniforme do exército.

— Este foi morar no céu.

— No céu tem casa? — perguntou Isabela.

— Querida, é uma maneira carinhosa de falar que a pessoa não mora mais conosco.

A menina voltou a atenção novamente ao jogo.

— Faz tempo? — perguntou Estela.

— Sim, faz. Mas não me esqueço, ele era muito amoroso.

— O que aconteceu?

— Um acidente — respondeu Isaurinha.

Percebendo que a dona da casa ficara triste, Estela mudou de assunto e perguntou:

— Você gosta de morar aqui?

— Gosto, sim! Moro aqui há muitos anos. Viemos residir neste lugar com as crianças pequenas. Esta propriedade teve muitos donos, e fomos ficando... A sede ficou abandonada por anos. O dono mandava nos pagar e não vinha aqui. Então o senhor Epaminondas a comprou. Homem bom! Ofereceu para ficarmos, com um ordenado melhor, reformou a casa para morarmos e, enquanto reformava, ficamos num quarto na casa grande. A casa ficou muito boa, temos dois quartos grandes; um banheiro, como o da casa sede; uma cozinha; esta sala; e a lavanderia. Cozinho para mim e para meu velho, mas, quando fico doente, Josemar trás para nós almoço e jantar.

— A senhora não sai muito, não é? — Indagou Estela.

— Duas vezes por ano, vamos à casa de minha filha, que reside em outra cidade, ficamos normalmente de dois a três dias, às vezes vamos à casa do filho na cidade. Eles vêm aqui também: a filha, uma vez ao ano, e o filho, de vez em quando. Andar por aí? Isto faço pouco, meu joelho dói, e sinto também muitas dores nas costas. Tomamos muitos remédios, Dacruz e eu. Não nos falta nada porque o senhor Epaminondas é quem compra os remédios para nós. Homem bom! — repetiu Isaurinha. — Temos eletrodomésticos, televisão, tudo foi ele quem nos deu. O patrão confia em Dacruz, e meu marido faz tudo por ele.

— Montei! Consegui! — exclamou Isabela.

— Muito bem! O jogo é difícil e você montou — elogiou a dona da casa.

— Vamos embora? — pediu a garota. — Ela me chama.

— Sim, vamos — Estela falou rápido, temendo que Isaurinha perguntasse quem chamava.

Despediram-se, prometendo visitá-la outra vez.

— Mimi já chorou e quer ir para casa — falou Isabela.

Estela não comentava quando a filha falava de Mimi. Entraram, a mãe a ajudou a tomar banho, deixou-a na sala vendo televisão e foi fechar a casa. Enquanto fechava a janela do escritório, ouviu uma risada, fingiu que não escutara e continuou sua tarefa.

À noite, Estela pensou em Isaurinha. Sentiu pena, ela ainda sentia a desencarnação do filho e estava sempre doente.

"Será que ela vê os desencarnados? Na casa dela, os espíritos não entram. E, isto é verdade. Mimi não entrou, chamou por Isa lá de fora. Será que a esposa do Dacruz não sai de casa por este motivo? Será por medo? Tio Bino é um bom patrão. Isto conta, e muito; se não, ninguém trabalharia aqui por causa das assombrações. A casa que eles moram é boa e é confortável."

Estela não mais dormia bem, acordava muitas vezes e ficava atenta aos barulhos. Às vezes, levantava-se e ia ver os filhos. Abria a porta devagar e os via dormindo.

"Ainda bem que não vejo nada quando me levanto à noite. A preocupação com as crianças é maior que meu medo. Será um alívio a visita de dona Marta."

José Elídio foi à cozinha tirar o curativo. Josemar passou um remédio. Cicatrizara, mas ficou o sinal do ferimento. Estela o indagou:

— Você viu quem o feriu?

— Cruz-credo! Eu não vi nem quero ver. A senhora sabe agora o que acontece aqui?

— Infelizmente, sei. Você tem medo?

— Tenho. A senhora tem? — o empregado quis saber.

— Também sinto medo — respondeu Estela.

— Ainda bem que não durmo aqui. Durante o dia é outra coisa; à noite, é bem pior.

— Você já pensou em sair daqui por este motivo?

— Não — respondeu José Elídio. — Onde vou arrumar um emprego bom como este? As assombrações não incomodam muito. É uma risada ali, um choro aqui, jogam frutas... Foi a primeira vez que jogaram pedras e machucaram alguém. Ainda bem que parou. A senhora acabará se acostumando. Desculpe-me perguntar: sua menina sempre foi quietinha assim?

— Ah! Sim! Ela é quieta! Você mora na cidade? — perguntou Estela.

— Moro, sim, com meus pais e com uma irmã solteira.

— Não tem namorada?

— Tive algumas, mas não deu certo, então desisti — respondeu José Elídio. — Até logo, vou acabar de consertar uma cerca.

Josemar, que escutava a conversa, resolveu interferir e, assim que ele saiu da cozinha, contou:

— Zé não namora há muito tempo. Conheço-o desde criança. Ele, com vinte anos, teve uma namorada firme. Ela pensava em casar, ele se achava jovem demais. Zé conheceu uma moça na cidade vizinha, por quem se interessou, e terminou o namoro. Dias depois, esta moça que ele namorara morreu por ter feito um aborto. Ela o fez com uma mulher que tinha o apelido de Mata Anjo. Antes de morrer, esta jovem foi levada para o hospital em estado grave. Zé foi visitá-la. Ele jura que não sabia da gravidez. A moça faleceu com muito rancor dele e afirmou que não ia deixá-lo ser feliz com ninguém. O fato é que ele nunca mais conseguiu namorar com alguém por muito tempo. Não é estranho isto?

"Será que o espírito desta jovem perturba o empregado do titio? Impede que ele namore e case? Isto será possível? Não duvido de mais nada" — pensou Estela.

Isabela ficava muito com a boneca, trocava várias vezes a roupa dela e conversava sozinha. Estela achava que a filha falava com a boneca e com o espírito.

No outro dia, à tarde, Estela subia a escada da frente da casa e, ao pisar no segundo degrau, sentiu puxarem sua saia e ouviu um assobio, destes dos rapazes que assobiam para as moças. Escutou em seguida o som de um tapa, como se alguém tivesse batido na mão que lhe segurou a saia. A mãe das crianças tremeu de medo, porém esforçou-se e fingiu que nada acontecera.

Mariano e Felipe nem percebiam o que ocorria. O garoto estava entusiasmado em morar no campo, e Mariano, com seu trabalho. Todas as tardes, mãe e filha iam à casa de Isaurinha e lá Estela relaxava, pois sabia, sentia, que a mulher desencarnada, a Esmeraldina/Mimi, não entrava. Era agradável conversar com a esposa de Dacruz, e o assunto preferido eram os filhos. Estela contou como viviam na outra cidade, das crianças na escola, das doenças que tiveram e dos acontecimentos divertidos. Isaurinha também falava dos filhos, mais do que desencarnara.

— Ele se chamava João Roberto — contou a dona da casa. — Com dezenove anos, foi servir o exército e lá ficou, escolheu a carreira militar. Gostava de sua profissão, e meu marido e eu nos orgulhávamos dele. João Roberto nos mandava dinheiro, todos os meses, ajudava-nos. Preocupávamo-nos, mais eu, por este meu filho não ter namorada, queria que se casasse, constituísse família. Numa de suas visitas, ele estava muito contente e contou que estava amando alguém. Indaguei, mas não soube de mais nada. Três anos se passaram, e ele não falou mais sobre este assunto. Recebemos uma carta dele nos comunicando que estava muito triste porque tinha terminado seu relacionamento. Senti que meu filho sofria. Duas semanas depois, nos comunicaram sua morte. Vieram nos buscar, o enterro foi na cidade onde ele estava. Vimos seu corpo, estava muito queimado, mas seu rosto estava com poucas queimaduras.

— Como foi este acidente? — perguntou a esposa de Mariano.

— Contaram-nos o seguinte: Estava tendo uma grande tempestade, com muitos raios, e um deles caiu no galpão onde estavam vários militares acamados com gripe. Pegou fogo no galpão, que se alastrou com rapidez. João Roberto foi lá e ajudou os enfermos a sair. Como havia ainda pessoas lá dentro e o fogo estava alto, pois o local era de madeira, ele entrou novamente e desta vez não conseguiu sair. Padeceram três, meu menino e dois enfermos. Foi um ato de coragem, mas pensei também que, por meu filho estar infeliz, não queria viver. Um amigo dele nos contou que era impossível entrar no galpão e sair vivo dele naquele momento.

— Ele foi um herói! Heróis morrem pelos outros e salvam vidas! — exclamou Isabela.

A garota ficava brincando ao lado da mãe, montava um quebra-cabeças, mas às vezes dava palpites.

— Deve se sentir orgulhosa dele! — Estela se emocionou.

— É melhor pensar isto. Eu o amo! — afirmou Isaurinha.

— Ele deve sentir seu amor! — Estela abraçou-a.

Isaurinha também falou dos fenômenos que ocorriam no sítio. Ela escutava quase todos os meses, no primeiro dia da lua cheia, barulho de chicotadas e alguém gemer.

"Não quero escutar isto", pensou Estela. "Será que quinta-feira, na véspera de dona Marta chegar, ocorrerá este fenômeno? Tomara que não."

Consultou o calendário e suspirou aliviada, a lua cheia seria na semana seguinte.

Epaminondas aguardava as visitas com ansiedade, e a sobrinha, além de ansiosa, estava esperançosa, esperava realmente receber auxílio.

7
Os hóspedes

Na quinta-feira, tudo estava organizado. Epaminondas comunicou aos empregados que iria receber quatro pessoas conhecidas que ficariam no sítio por três dias. Tio e sobrinha, depois do chá da tarde, conferiram tudo: foram aos quartos, e estes estavam em ordem para receber as visitas; na cozinha, não faltava nada para o cardápio do final de semana. Enquanto conferiam os detalhes, conversavam.

— Titio, tenho visitado Isaurinha e me intriguei porque ela me disse que é o senhor quem os ajuda. Eles não recebem a pensão do filho que desencarnou? O moço era oficial do exército.

— Era para receber, mas Dacruz e Isaurinha doam a pensão para o filho e a filha. Todo mês é dividido este dinheiro para os dois, isto ocorre desde a primeira vez que o receberam.

— Por que isso, titio? Ajudam os filhos e, se não fosse o senhor, passariam por necessidades.

— Também não acho certo, mas não dou palpites, e não me pediram opinião. Faço a minha parte. Há muito tempo tenho agido desta maneira e, o que me cabe fazer, realizo com carinho, sem perguntar se pode ou poderia ser diferente. Neste caso, os dois filhos poderiam ajudá-los financeiramente ou deixar esta quantia para os pais, mas não o fazem, e não é por este motivo que não irei auxiliar um empregado de quem gosto e confio. Recusar dinheiro não é fácil. Infelizmente, nenhum dos dois filhos de Dacruz dá atenção aos pais.

Estela sentiu pena do casal.

"Ainda bem que titio os ajuda", pensou ela.

Quando Mariano chegou do trabalho, Estela informou ao marido:

— Nossos hóspedes são: dona Marta, o marido dela e dois médiuns que trabalham no centro espírita onde levava as crianças para receber passes. Eles vêm nos ajudar.

Contou para Mariano tudo o que acontecera.

— Meu Deus! Por que não me falou isso antes?

— De que ia adiantar? Ia somente deixá-lo preocupado. Estou esperançosa e rogo a Deus para que dona Marta possa novamente nos auxiliar.

José Elídio saiu à tarde do sítio, ia dormir num hotel e pegá-los às oito horas na manhã seguinte.

A noite foi tranquila, e Estela dormiu melhor.

No horário marcado para a chegada, a família os estava esperando na área.

— O Zé está chegando! — gritou Felipe.

Foram ao jardim esperá-los. Estela deu um abraço apertado em Marta.

— Que bom que veio!

Cumprimentaram-se, apresentando-se.

— Este é Juarez, meu marido — disse Marta. — Esta é Elisa, e este, Marcelo.

José Elídio tirou as bagagens deles da caminhonete, era pouca coisa, e as colocou na sala de estar. Entraram na casa.

Epaminondas observou as visitas. Primeiramente, olhou disfarçadamente para Marta, que era uma mulher pequena, olhos vivos, um pouco acima do peso; era tranquila, e seu sorriso, contagiante; um ser agradável, de quem a maioria das pessoas gosta de ficar perto. Seu esposo, Juarez, era um homem também agradável, louro, de olhos verdes, alto, magro, tinha a voz rouca. Reparou em Marcelo: o jovem deveria estar com vinte e cinco anos, parecia nervoso; olhava tudo, observando, sorria sem abrir a boca; seus cabelos eram ralos, com certeza era candidato a ficar careca. Era um jovem bonito. Elisa devia estar com quase cinquenta anos, tinha os cabelos tingidos de louro, olhos arredondados castanho-escuros, sua voz era harmoniosa, era magra e de estatura mediana.

Isabela aproximou-se de Marta, que a abraçou. Seus olhinhos eram de súplica.

— Vou ajudá-la, meu bem — prometeu Marta. — Você ficará bem!

— Tenho medo do Coisa Ruim castigá-los — falou a menina baixinho.

Na sombra da montanha

— Não precisa temer — Marta sorriu, tentando tranquilizá-la. — Ele não fará nada nem a mim, nem a você, a ninguém.

Foram almoçar. Depois, Estela os levou aos quartos, e Isabela continuou segurando firme a mão de Marta.

— Vocês querem descansar ou passear pelo sítio? — perguntou Estela.

— Vamos — respondeu Marta — colocar nossos pertences nos quartos; depois, gostaria de ir ao escritório, iremos dar um passe em Isabela e, após, sairemos para passear no jardim.

Minutos depois, todos foram ao escritório: os hóspedes; Epaminondas, que estava interessadíssimo; e o casal com os filhos.

— Vamos — disse Marta —, se o senhor não se importar, fazer nossa reunião aqui esta noite, mas agora vamos fazer a leitura do Evangelho, uma oração e daremos um passe em Isabela.

Todos se sentaram, se acomodaram nas poltronas e no sofá. Marcelo abriu ao acaso o *Evangelho segundo o espiritismo* e leu o texto 14, do capítulo 13, "Que vossa mão esquerda não saiba o que faz vossa mão direita".

"Que dissertação bonita sobre a caridade!", pensou o dono da casa.

"Titio age deste modo. Penso que ele é espírita e não sabe", concluiu Mariano.

Depois, Marcelo orou pedindo proteção, e os quatro se aproximaram de Isabela e lhe deram um passe. A garotinha deu um longo suspiro de alívio.

— Meu bem — disse Marta tranquilamente —, você não mais verá a moça nem sentirá mais nada. Não se preocupe com o Coisa Ruim, ele logo deixará de ser mau.

— Verdade? — perguntou Isabela. — Mimi faz o que quer. Vocês não sentem medo dela? De verdade?

— Não, meu bem, não temos medo — afirmou Marta.

— Não vejo a Mimi desde ontem — contou a garotinha —, mas ela me avisou que, se eu falar dela, irá castigar a mim ou à mamãe. Não quero ser filha dela. Quando Mimi fica perto de mim, me sinto tão cansada. Estou falando dela. Será que irá me castigar?

Estela sentiu vontade de chorar. Isabela sofria mais que pensava e sentia raiva da desencarnada, mas não falou nada.

— Isabela, confie em mim — pediu Marta. — Viemos aqui para auxiliá-los. Você não verá mais essa mulher.

A garotinha suspirou novamente. Seus olhinhos brilharam, estava esperançosa, abraçou Marta.

— Mariano — pediu a médium —, leve as crianças para a área da frente que iremos em seguida para passearmos pelo pomar.

O pai saiu do escritório com os filhos.

— Às oito horas podemos nos reunir aqui? — perguntou Marta e, com o consentimento do dono da casa, planejou: — Podemos colocar quatro cadeiras em volta desta escrivaninha.

— Dona Marta — disse Estela —, confio na senhora, mas também temo. Fiquei indignada com o que Isa contou. O espírito a chantageava.

Na sombra da montanha

— Quando não se tem argumento, chantageia-se. Muitos desencarnados imprudentes fazem isso, e aqueles que trabalham para o bem não os temem. Esta desencarnada, a Mimi, estava sugando as energias de Isa, a deixando enfraquecida. Desde ontem eles estão presos, por isso sua filha não a viu mais.

— Presos? Que bom! — exclamou Epaminondas.

— Provisoriamente, eles estão num local na casa, estão adormecidos, mas isto não resolve o problema. À noite, vamos tentar ajudá-los. Escutaremos suas histórias, vamos auxiliá-los a resolver seus problemas e depois levá-los para um socorro.

— A senhora está dizendo que eles também têm problemas? — perguntou Epaminondas.

— Sim — respondeu Marta —, e, pelo que começo a entender, são muitas as suas dificuldades.

— Posso participar da reunião? Gostaria de ver esse intercâmbio — pediu o proprietário do sítio.

— Sim — autorizou Marta —, penso que o senhor e Estela podem ficar. Mariano deve ficar com as crianças. Vou explicar como será. Normalmente, só fazemos essas reuniões nos centros espíritas, nós a chamamos de "trabalhos" ou "reuniões de orientação a desencarnados" ou "desobsessões". Marcelo e Elisa são médiuns. Os desencarnados se aproximam deles, falam, os dois repetem, e eu converso com eles, os orientando. Normalmente, as conversas são rápidas. Os mentores, protetores, os bons espíritos que trabalham conosco trazem os desencarnados necessitados de esclarecimentos para estas reuniões, onde recebem o auxílio de que precisam. Nossos mentores permitiram que viéssemos aqui junto a eles porque viram a dificuldade de vocês para receber auxílio. Iremos também aprender muito ouvindo esses espíritos que estão aqui. Será uma reunião diferenciada porque tentaremos solucionar suas dificuldades para irem embora daqui para sempre. Começamos a reunião com a leitura do Evangelho, depois fazemos uma oração pedindo proteção e, pelos médiuns, conversaremos com os desencarnados. Vocês fazem o Evangelho no lar?

— Não, senhora, não fazemos — respondeu Estela.

— Posso ensiná-los no domingo, pela manhã, a fazê-lo — ofereceu-se Marta.

— Família que ora unida permanece unida — opinou Marcelo.

— Vamos agora conhecer a parte externa da casa? — convidou Epaminondas.

Passaram pelo jardim, ninguém comentou sobre a árvore seca.

— Ela não chorou hoje — falou Isabela.

A menina quis ficar perto de Marta, pegou em sua mão, sentia-se protegida ao lado dela. A garota não se cansou, Estela entendeu que a filha se fortalecera com as energias recebidas no passe e que Mimi não a estava sugando.

Foram ao pomar, comeram frutas, viram os patos e tomaram o chá da tarde.

— Agora vamos tomar banho e descansar um pouquinho. Senhor Epaminondas, que o jantar seja somente um lanche — pediu Juarez.

— Pode ser sopa? — perguntou o dono da casa.

— Sim, está ótimo — respondeu Marta.

Estela ajudou as crianças a se banharem e as deixou na sala vendo televisão; tomou banho e explicou ao esposo o que ia ocorrer à noite no escritório.

— É melhor mesmo — concordou Mariano — eu ficar com as crianças. Tenho medo dessas coisas. Após o jantar, irei com nossos filhos à sala de televisão e depois iremos dormir. Se eu perceber que Isa está vendo alguma coisa, corro com ela para o escritório.

— Confio em dona Marta, nada irá acontecer com Isa. Foi ajudar na cozinha.

— Dona Estela, os hóspedes são pessoas legais e educadas. São seus amigos? — Josemar estava curiosa.

— São — foi lacônica na resposta.

— Eles vieram nos ajudar a nos livrarmos das almas penadas? Seria tão bom que isto ocorresse — Josemar insistiu.

Estela sorriu, não respondeu, havia combinado de não comentar o porquê das visitas estarem ali.

"Josemar", pensou Estela, "como mora na casa, com certeza saberá o que iremos fazer. Titio contará a eles depois".

Antes do jantar, reuniram-se na sala de estar. Epaminondas, curioso, quis saber o que ia acontecer logo mais à noite e sobre a religião que os hóspedes seguiam com tanto carinho. Perguntou:

— O que é espiritismo?

— O espiritismo, — respondeu Juarez tentando ser objetivo e esclarecer: — A melhor explicação que vem agora à minha mente sobre o assunto é a do livro de Allan Kardec *O que é o espiritismo*. Nesta obra, o codificador nos esclarece que é ao mesmo tempo uma ciência de observação e uma doutrina filosófica. Como ciência prática, ele consiste nas relações que se estabelecem entre nós e os espíritos; como filosofia, compreende todas as consequências morais que dimanam destas mesmas relações. É a ciência que trata da natureza, da origem e do destino dos espíritos, bem como de suas relações com o mundo corporal. Dá-nos a prova patente da existência da alma, da sua individualidade depois da morte, da sua imortalidade, não pelo raciocínio, mas por fatos. O espiritismo tem por fim demonstrar e estudar a manifestação dos espíritos, suas faculdades, sua situação feliz ou infeliz, seu futuro; em suma, o conhecimento do mundo espiritual.[1]

— Interessante! Gostaria de ler este livro! — exclamou Epaminondas.

— Vou lhe mandar pelo correio as obras de Allan Kardec — prometeu Juarez.

— Desencarnados podem mesmo ficar vagando? — perguntou Mariano.

— Podem — explicou Juarez. — Ao ter o corpo físico morto, o espírito continua vivo com a mesma personalidade, gostando ou odiando as mesmas coisas e pessoas. Recebemos o retorno de nossos atos assim que mudamos de plano. Pessoas boas são recebidas, auxiliadas pelos afins,

---

1. Nota do autor espiritual (N. A. E.): Juarez com certeza dissertou com as palavras dele. Copiamos do livro estes trechos que são realmente fonte de preciosos esclarecimentos. Foram tirados de textos do preâmbulo e dos capítulos 1 e 2.

ou seja, por seres bondosos. E aqueles que cometeram atos maldosos são acolhidos por espíritos imprudentes. A maioria dos desencarnados não está encaixada nem como seres bondosos, nem como maldosos: esses tiveram, como todos nós, oportunidades de fazer o bem e não o fizeram, mas também não fizeram maldades. O corpo carnal falece, e normalmente se iludem, julgando que ainda estão encarnados. Há também, entre os que vagam, aqueles que sabem de sua situação, mas não querem sair de onde estão ou deixar sua situação de errantes.

— Os espíritos maus podem vagar? — perguntou o dono da casa.

— Os que são bons não ficam em situação de errantes, normalmente se adaptam aos locais de socorro e continuam fazendo o bem. Os que se julgam maus podem vagar entre os encarnados, e os motivos são muitos.

— O senhor é médium? — indagou Epaminondas a Juarez.

— Não sou, mas trabalho no centro espírita, auxilio dando atenção às pessoas que vão lá em busca de socorro, cuido da manutenção do local, enfim, ajudo como posso.

— O senhor nasceu num lar espírita? — Estela quis saber.

— Não — respondeu Juarez. — Seguia a religião de minha família, não era assíduo na igreja. Conheci Marta, namoramos e me interessei pelo espiritismo porque ela era espírita. Gostei muito da doutrina de Allan Kardec, senti no íntimo que conhecia seus ensinamentos e, por eles, compreendi muitas coisas.

— A senhora, dona Marta, sempre foi espírita? — perguntou o proprietário do sítio.

— Também não tive o privilégio de nascer num lar espírita. Desde pequena, via e conversava com desencarnados, recebia recados e os dava. Sentia medo, mas tive um lar estruturado, meus pais acreditavam em mim. Minha mãe me levava para tomar passes. Na adolescência, quis saber o que ocorria comigo e me tornei espírita. Adulta, passei de recebedora a doadora. Estou há muitos anos fazendo o bem com minha mediunidade.

— A senhora não se cansa? — Epaminondas estava curioso. — Minha sobrinha me contou que a senhora está sempre auxiliando.

— Não me canso — respondeu Marta esclarecendo. — Quando trabalhamos fazendo o bem, ele nos fortalece e alegra. Sinto-me muito bem. Aproveito o tempo. Faço o que tenho de fazer enquanto tenho tempo. As oportunidades não voltam, pelo menos não iguais ou com as mesmas pessoas. É como perder um trem em que estão amigos, companheiros de jornada: eles vão, e você fica. Pode-se até pegar outro, mas não será a mesma coisa. Alegro-me por estar fazendo o que tenho de fazer, realizo com amigos, e é prazeroso estar com eles.

— Interessante! Enquanto se tem tempo! — exclamou o tio das crianças.

— É fazer no presente, não adiar — comentou Elisa.

— E você, Elisa, como se tornou espírita? — Estela quis saber.

— Minha família é espírita, meus avós paternos são seguidores da doutrina de Allan Kardec, meu pai foi educado no espiritismo, e minha mãe, assim que casou, se tornou espírita. Aprendi a lidar com minha mediunidade ainda menina, frequentei o estudo da Evangelização Infantil, depois a Mocidade Espírita. Agora faço parte da equipe de médiuns nas reuniões de desobsessões.

Todos olharam para Marcelo, que contou:

— Eu sofri com o que ocorria comigo, era uma criança inquieta. Dizia, assim que comecei a falar, que alguém chorava por mim. Minha mãe me levava para tomar passes. Adolescente, não quis ir mais e continuei mais inquieto ainda. Comecei a namorar uma sobrinha de tia Marta, e ela me convenceu a ir ao centro espírita. Minha esposa, então namorada, fez comigo cursos de estudos e, depois, passei a fazer parte da equipe de trabalhadores da casa. Minha mulher foi passar uns dias na casa da mãe, seus pais moram longe, e ela foi com meu filho para ficar mais dias. Não pude acompanhá-la por causa do meu trabalho e vim com titia para cá.

— O que você sente quando um desencarnado fala para você repetir? — indagou Estela.

— Às vezes sinto as sensações que ele está tendo no momento — respondeu Marcelo. — Sinto, às vezes, dormência nas mãos, vontade de chorar. Ora fico irritado, sentindo vontade de bater com as mãos na mesa ou agredir alguém e até gritar. Mas me controlo, estou no leme da situação. Este controle se aprende com o estudo e na prática. Não tem por que obedecer ao desencarnado. Ele somente está ali para receber orientação e ajuda.

— O Coisa Ruim não poderá me sufocar? — perguntou Isabela.

— Não, meu bem, ele não irá fazer mais nada nem com você nem com ninguém — repetiu Marta.

Os adultos se olharam. Felipe, desde que começaram a conversar, foi para a sala de televisão e assistia a um programa. Todos pensaram que Isabela estava brincando com um joguinho de montar, mas, pelo visto, estava atenta à conversa. Acharam melhor não falar mais sobre este assunto na presença da garota.

— Vamos jantar? — convidou o dono da casa.

Saíram, Epaminondas foi à frente, e ficaram no escritório, para sair por último, Marta, Marcelo e Estela.

— Está acontecendo alguma coisa com você, Marcelo? — perguntou Marta. — Sinto-o triste. Está preocupado?

— É o local — respondeu o moço. — Desde que nos aproximamos daqui, tive uma sensação estranha, fiquei inquieto, parecia que conhecia este lugar. Quando vi a montanha, tive a certeza de que já estive aqui. Se estive, foi em outra encarnação, porque, nesta, é a primeira vez que venho a esta região. Não senti nada dentro da casa, mas, sim, por fora, esperava ver uma capela e um muro cercando a casa do lado do pomar. Estou me esforçando para não ficar triste.

— Havia uma igrejinha na área do jardim — intrometeu-se Estela. — Ela estava em ruínas e foi desmanchada e este muro também existiu. Isa também falou desta capela.

— Marcelo — falou Marta —, sua vinda aqui talvez possa ter motivos.

— Estela — contou Marcelo —, desde pequeno sinto que tenho algo a resolver e que alguém chora por mim. Mesmo tendo aprendido a lidar com a minha mediunidade e, com ela, ajudar pessoas, às vezes fico triste. Espero não estar assustando você.

— Não está — respondeu Estela —, nesta casa tem uma desencarnada triste que chora todos os dias. Acho que as pessoas sensíveis sentem a tristeza dela.

— Com certeza é isto! — suspirou o moço.

— Marcelo, fique atento, mas não se preocupe — recomendou Marta —; seu protetor está ao seu lado, tente se entrosar na conversa e se distraia.

— Dona Marta — falou a mãe das crianças —, titio e eu não iremos atrapalhar a reunião: ele quer conhecer este intercâmbio, e eu estou curiosa para saber o porquê desses desencarnados estarem aqui.

— Faremos o combinado. Agora vamos jantar — pediu a médium.

Sentaram-se. Epaminondas orou, como sempre fazia, e Josemar serviu a sopa. Foi uma refeição agradável.

8
A primeira reunião

Mariano foi com as crianças, após o jantar, para a sala de televisão. O dono da casa, a sobrinha e as visitas foram para o escritório. Os quatro se sentaram nas cadeiras em volta da escrivaninha; Epaminondas e Estela, no sofá.

— Primeiramente — informou Marta —, vamos ler um texto do Evangelho, depois faremos uma oração e nos concentraremos. Fui informada, pelo meu mentor, de que hoje conversaremos com alguns desencarnados e, amanhã, novamente nos reuniremos, para orientar os outros. Vocês dois — referiu-se a Epaminondas e Estela —, por favor, não interfiram, escutem e orem por estes espíritos desorientados, necessitados de socorro. Por mais que tenham vontade de comentar ou responder, fiquem calados. Quando terminarmos a reunião de orientação, é nosso costume comentarmos o que ocorreu, e aí poderão fazer perguntas. Marcelo, por favor, abra o *Evangelho Segundo o Espiritismo* e leia um texto.

Marcelo o fez e leu, do capítulo 14, "Honrai vosso pai e vossa mãe", o item 3, "Piedade filial".

— O mandamento "Honrai vosso pai e vossa mãe" é uma decorrência da lei geral de caridade e de amor ao próximo, pois não podemos amar ao nosso próximo sem amar nosso pai e nossa mãe...

"Ainda bem que fui bom filho", pensou Epaminondas, "e continuo sendo, no lugar dele".

"Penso que tenho de meditar mais sobre o que estou ouvindo, vou ler este capítulo com atenção. Com certeza, sou boa mãe, mas... e filha, estou sendo?", indagou Estela a si mesma.

Quando terminou o item 3, Marcelo folheou o livro até o último capítulo, 28, "Coletânea de preces espíritas", procurou o que queria, encontrou e leu:

— Suplicamos ao Senhor Deus Todo-Poderoso enviar-nos bons espíritos para nos assistir, afastar aqueles que poderiam nos levar ao erro e nos dar a luz necessária para distinguir a verdade da impostura. Afastai...[1]

Emocionaram-se com a beleza da prece. Quando terminou, Marcelo fechou o livro e todos ficaram em silêncio por alguns instantes. Então Elisa começou a falar:

— *O que é isto aqui? Por que estão na casa? Que invasão é esta?*

— Boa noite! — respondeu Marta.

Tio e sobrinha entenderam que Elisa estava repetindo o que um desencarnado falava, e Estela percebeu que era Mimi. Os dois escutaram atentos.

---

1. N. A. E.: Prece 6, "Para o início da reunião".

— Boa noite nada! Responda! Por que falo e ela repete? Está me remedando?

— Estamos reunidos, em nome de Jesus, para orientar os desencarnados que estão na casa. É um intercâmbio. Essa moça é médium; você, próxima a ela, fala, e a médium repete, isto para conversar conosco. Você sabe que desencarnou, não é?

— Sou alma do outro mundo, assombração, moradora do além. "Desencarnada" é a primeira vez que escuto. "Des", negativo... "Carnada"! "Desencarnada" quer dizer "sem carne"? "Aquele que vive sem o corpo de carne"? Se for isto, sim, sou e sei que sou. Há tempos meu corpo morreu e continuei viva. Sou inteligente!

— Por que está neste lugar? — perguntou Marta.

— Aqui é minha casa! Moro aqui — respondeu o espírito, e Elisa repetiu.

— Foi seu lar enquanto estava encarnada.

— "Lar" não! Nunca tive lar, era casa mesmo.

— Por que não "lar"? — indagou Marta, que, orientada pelo seu mentor, conversava com a desencarnada.

— "Lar" é onde uma família mora, é onde existe amor e respeito, não tive isso e nem aqui foi um lar. Não tenho que lhe responder. Não estou gostando desta conversa. Como entraram aqui?

— O dono da casa nos convidou.

— Como? Não vi isso acontecer. Por que vieram? — perguntou a desencarnada.

— Viemos aqui para ajudá-los. Desde ontem estão dormindo.

A desencarnada fez uma pausa, pensou no que escutara e perguntou.

— O que está acontecendo? Estou observando. Não os conheço: nem os quatro sentados nem estes outros de pé. O que se passa neste escritório?

Os que Mimi vira de pé eram membros da equipe espiritual que participavam da reunião.

— Somos espíritas, estamos reunidos para ajudá-los — Marta falava com tranquilidade.

— Quem pediu ajuda?

— Como se chama?

— Mimi. Você não respondeu o que perguntei. Quero saber quem foi o infeliz que pediu ajuda. Vou exigir que o Coisa Ruim o castigue.

— Por que prejudica pessoas? — perguntou Marta.

— Não prejudico ninguém. Aqui é minha casa, moro no sítio. É ruim conviver com outros moradores. Mas não consegui expulsá-los. O velho chato faz caridades, não consegui castigá-lo ou afugentá-lo desta casa. Não faço nada de mal. Somente moro nesta residência. Os incomodados que se mudem.

— A criança, você não a está prejudicando? — Marta insistiu.

— Eu?! Ela é minha filha!

— Como "filha"?

— Não se adota? Então a adotei. Queria mesmo a outra. A criança que morou aqui há anos atrás. Ela era linda, loura, olhos azuis, cabelos cacheados. Os pais se apavoraram e se mudaram. Não vou abrir mão desta garota. É minha filha! É porque quero!

— Você sabe que desencarnou — Marta tentava esclarecê-la —, está aqui há muitos anos. Não pensa em viver de outro modo? Sabe que reencarnamos, que nosso espírito volta outras vezes ao corpo físico?

— *Não sei nada disso. Não quero e não vou sair daqui. Depois, tenho que conter o Coisa Ruim, somente eu o controlo. Não posso deixar ele sufocar minha filhinha. Ele maltrata todos de quem eu gosto.*

— Senhora Mimi, vamos também conversar com este desencarnado que citou, tentaremos orientá-lo — falou a doutrinadora.

— *"Senhorita", por favor. Vão conversar com ele? Essa eu quero ver! Estou curiosa!* — Mimi riu.

— Então a convido para ficar ouvindo nossas conversas. Ouviremos todos os desencarnados que, de certa forma, estão envolvidos com esta casa e com seus moradores.

— *Posso ficar, estou curiosa para ver como vocês irão se entender com este grosseirão, o Fantasma da Lua Cheia, que está presente agora, e com o Coisa Ruim.*

— Quem é essa pessoa que você chama de Coisa Ruim? — perguntou a doutrinadora.

— *Foi meu pai. Ele não merece respeito nem ser chamado de "pai", é horroroso.*

— Você é feliz?

— *Claro que não! Sou muito infeliz! Que pergunta tola!* — respondeu a desencarnada com sinceridade.

— Não quer ser feliz?

— *Todos querem ser felizes. Foi ele quem não deixou, o Coisa Ruim. Sofro há muitos anos* — queixou-se Mimi.

O diálogo prosseguia pelo intercâmbio mediúnico, a desencarnada Esmeraldina falava, e a médium Elisa repetia.

— Você não se lembra de Jesus? Deus? — perguntou a doutrinadora.

— Atualmente, muito pouco. Lembrava-me mais quando estava como vocês.

— Encarnada — completou Marta.

— Sim, rezava muito, ia às missas, ajoelhava-me e rezava o terço, às vezes feria os joelhos.

— Sentia o que orava?

— *Sentia? Como?* — a desencarnada realmente quis saber.

— Ao orar o Pai-Nosso, pedimos perdão, assim como perdoamos. Você perdoou? Pediu perdão?

— *Não pedi perdão porque ninguém tem que me perdoar! Não perdoei!*

— Como orou então?

— *Você não sabe o que ele me fez. Se soubesse, não ficaria com essa cara de indignada. "Não perdoou"? Claro que não perdoei!*

— Por que não ora mais? — Marta queria que a desencarnada pensasse nas orações.

— *Cansei-me. Certa vez morou nesta casa uma mulher rezadeira, orava muito, não gostava dela nem me aproximava dessa senhora. Foi uma época ruim, ficamos todos desconfortáveis, ainda bem que se mudaram logo. Este velho não deveria tê-los chamado. Fiz um trato com ele, estávamos todos bem.*

— Não estão bem, nem eles nem vocês — afirmou a doutrinadora.

— *Não só cansei de rezar como agora me cansei de vocês. Sinto-me incomodada como há tempos não me sentia.*

— Você não quer conhecer outra forma de viver? Podemos lhe proporcionar isso.

— Você não disse que ia me deixar ver e ouvir as conversas dos outros? — lembrou Mimi.

— Pois bem, que assim seja.

— O que devo fazer para ver esse espetáculo? Devo rir ou aplaudir?

— Somente prestar atenção. Está vendo essa mulher ao seu lado?

— Estou. Quem é ela?

— Uma desencarnada que, há tempos, compreendeu que fazer o bem é o caminho da felicidade. Trabalha conosco. É um ser bom. Ela ficará ao seu lado. Você escutará hoje e amanhã nossas conversas e depois voltará a falar conosco.

— Está bem. Somente uma pergunta: Nunca vi este quase careca, este moço que está sentado à minha frente. Porém, parece que o conheço. Quem é ele?

— Se conhece, lembrará — respondeu Marta.

Mimi afastou-se e ficou encostada na parede perto de uma trabalhadora desencarnada. Olhava tudo curiosa.

Estela, por momentos, viu o vulto de Mimi. Orou para ela ficar tranquila e querer ser ajudada.

O intervalo foi rápido; segundos depois, Marcelo começou a falar. Estela e o tio perceberam que ele repetia o que um outro espírito falava.

— Estamos aqui: o Grosseirão, a dona Mimi e eu. Desde que o Zé parou a caminhonete hoje pela manhã para pegar as visitas que estou diferente. Não consegui me aproximar mais dele. Fiquei sonolenta, acho que dormi.

— O que está fazendo ao lado dele? Por que age assim?
— Novamente, Marta conversou com este espírito, uma mulher desencarnada.
— *Jurei que ia fazer e faço! Dona Mimi me instrui, ajuda. Ela já me avisou que a empregadinha nova está interessada nele. Não deixo mesmo ele se casar. O Zé é meu!*
— Ninguém é de ninguém. Por que isso?
— *Gosto de contar!* — falou a desencarnada através do médium Marcelo. — *Foi assim: Zé e eu começamos a namorar muito jovens. Eu o amava e queria casar. Ele me enrolou, dizia que era muito novo, que queria primeiro comprar uma casa etc. Começamos a brigar, às vezes passávamos dias sem nos falar. Numa destas brigas, ele foi à cidade vizinha e ficou com uma moça. Zé realmente se interessou por ela. Sofri muito.*
— Aconteceu somente isso? Não quer falar, desabafar? Estamos aqui para escutá-la e ajudá-la.
— *Às vezes penso que preciso de ajuda; outras, que não. Não sei se quero falar. O que importa o passado?*
— Para nós, não importa — respondeu Marta. — Como foi você quem os viveu, estes momentos lhes são importantes. São lembranças suas. Se não quer falar, tudo bem, mas pense somente que queremos auxiliá-la. Você é feliz?
— *Não estou feliz. Como dona Mimi, sofro bastante* — a desencarnada suspirou. — *Acho que você tem razão. Fiz algo grave, e isto me atormenta. Se falar, estarei desabafando. Se vocês não me condenarem, saberei então que querem mesmo me ajudar e que posso confiar em vocês. Quando fiquei sabendo que Zé estava saindo com outra moça, para me vingar, encontrei-me com o patrão*

do meu pai, que era casado. A esposa dele ficou sabendo e disse que ia contar para os meus pais e para o Zé.

A desencarnada fez uma pausa e perguntou:

— A senhora não acha muito errado o que fiz?

— Não estamos aqui para julgar, mas para ajudar. Com certeza não pensou nas consequências.

— Não pensei mesmo! Descobri que estava grávida e não sabia quem era o pai. Desesperada, morri. Culpei o Zé, ele não deveria ter se interessado por outra mulher. Eu o amava. Jurei ficar com ele. Cumpro somente meu juramento.

O espírito dessa moça fez uma pausa, como que escutasse alguém falar com ela, voltou a falar, e Marcelo repetiu:

— Não me amole, dona Mimi! É tão puritana! Fique quieta aí, agora sou eu quem está falando. Não interferi enquanto falava. Não disse que é invejosa, má e que não perdoa. Conversava com a senhora porque era a única pessoa que me dava atenção. Se contasse o que fiz, não ia mais falar comigo. Sempre tão certinha! Foi isso mesmo o que aconteceu: impulsiva, encontrei-me com esse homem, que há tempos tentava me seduzir.

— Você sente dores? — perguntou Marta.

— Não queria que tivesse acontecido o que se passou. Se pudesse voltar no tempo, teria aceitado a decisão do Zé, não teria me encontrado com aquele homem nem feito o que fiz. Sim, sinto dores no abdômen, sinto-o podre, o cheiro me incomoda. Interessante, agora não estou sentindo mais, sinto cheiro de rosas, que é exalado desta senhora desencarnada que está perto de mim.

— Sabe por que sentia o cheiro desagradável e as dores? — perguntou a doutrinadora.

Na sombra da montanha

— Sei. Porque eu a causei. Foi por causa de minha morte. Eu a provoquei.

A desencarnada fez outra pausa. O orientador desencarnado do grupo sabia que aquele espírito necessitava de esclarecimentos e que somente resolveria seu problema se ele falasse o que o atormentava. Normalmente, o que dá agonia ao espírito são seus atos errados. Por isso, Marta perguntou:

— Como desencarnou?

— Tem de haver motivos para morrer? Morre-se e acabou!

— Acabou mesmo?

— Não! Infelizmente não! Queria que tivesse acabado. Mas não acaba! De fato, tem de haver motivos para morrer. Passei mal, fui para o hospital, não resisti a uma hemorragia — fez uma rápida pausa. — Dona Mimi, não quero que interfira! Não estou mentindo! Fiz um aborto! Pronto! Falei!

Ela começou a chorar, um choro sentido. O médium Marcelo não conseguiu se controlar, lágrimas escorreram pelo seu rosto, e repetiu o que o espírito falava, desta vez em tom baixo.

— Fiquei aflita! Meu amante me deu dinheiro, fui à casa de uma mulher que fazia abortos, uma senhora conhecida como Mata Anjos. Fiz o aborto. Tive uma hemorragia e aguardei esperançosa que passasse. Quando desmaiei, mamãe me levou ao hospital, estava passando mal, piorei e "desencarnei", como vocês falam. Sofri, perturbei-me, sentia dores e fraqueza. Fiquei assim por uns tempos, agora sei que foi por três anos. Fui melhorando porque fiquei perto de Zé. Ele pensava em mim com remorso. Na casa dele, a irmã, minha ex-cunhada, me dava forças. Zé trabalhava aqui e vinha com ele. Dona Mimi conversou comigo, me explicou que meu corpo de carne morrera e que, para não ir para o inferno, tinha de cumprir meu juramento: ficar com o Zé e não deixá-lo casar ou ficar com alguém.

— Sabe do espírito que ia ser seu filho? — perguntou Marta.

— *Disseram, uns espíritos como estes que vejo aqui agora, que ajudam no hospital, que o espírito que ia ser meu filhinho me perdoou e foi reencarnar em outro lar.*

— E por que não segue o exemplo deste espírito? Por que não perdoa?

— *Fiquei magoada* — falou a desencarnada em tom queixoso — *com o que aconteceu. Mas sou eu quem precisa de perdão* — chorou novamente.

Marcelo não chorava, mas os presentes sentiam o espírito chorando e ela o fazia de forma sentida, sofrida. Estela sentiu isto e orou para ela.

— *Gostava do Zé* — voltou ela a falar —, *queria casar. No começo do namoro, ele também queria. Não foi culpa dele, era jovem, mudou de ideia. O amante que me seduziu mentiu dizendo que me amava e que a esposa dele sabia, mas ela nem soube de sua traição. Ele me ameaçou, e eu senti medo. Analisando agora, fui eu quem errou. Não se pode obrigar ninguém a amar. Não deveria ter me envolvido com homem casado. Não deveria ter abortado. E agora? Vou para o inferno?*

— Minha filha — disse Marta com carinho —, estes anos em que sofreu não foram para você um inferno? Este espaço que muitos pensam em que se sofre pela eternidade não existe. Há, no plano espiritual, muitos lugares em que desencarnados podem ficar, e alguns são maravilhosos, onde os bons espíritos moram, e são estes, os bons, que a ajudarão.

— *Poderia ter sido diferente! Se não tivesse feito o que fiz, estaria encarnada; meu filhinho, na adolescência; e talvez tivesse outros filhos. Desencarnei antes do previsto. Sei disto porque, no hospital, uma socorrista me disse. Penso tanto nisto!*

— Sente remorso? — perguntou Marta.

— *Sim, sinto.*

— Peça perdão e aceite nossa ajuda.

— *Peço, sim. Deus me perdoe! Que este espírito que expulsei do meu ventre me perdoe. Queria pedir desculpas ao Zé. Por falar nele, e meu juramento? Promessa não tem de cumprir?*

— Você prometeu algo sem fundamento. Estava desesperada naquele momento. Não, minha filha, não precisa cumprir, você prometeu sem pensar nas consequências. Você mesma já compreendeu que este homem não teve culpa. Deixe-o seguir sua vida e cuide de você.

— *O senhor* — falou Marcelo repetindo o que a desencarnada falava —, *o patrão dele, por favor, conte tudo ao Zé, diga que eu imploro o perdão dele. Peça também para ele não mexer no passado e querer saber quem foi o meu amante. Sabe o que eu pensava? Que Deus nunca ia me perdoar. Agora, com vocês me auxiliando, pedi perdão e me sinto perdoada, estou aliviada.*

— Minha filha, fique tranquila, basta nos arrependermos para sermos perdoados; porém, devemos fazer o propósito de não cometer mais o mesmo erro.

— *Penso, sinto, que não terei mais filhos. Deus me deu um, e não aceitei.*

— Não pense nisto — Marta a consolou. — Concentre-se em se melhorar. Irá com estes amigos para um abrigo onde aprenderá a viver como desencarnada e, depois, reencarnará para continuar seu progresso. Vamos ajudá-la a ter seu corpo perispiritual sadio. Pense que está perdoada, e você sadia, estamos lhe dando energias benéficas.

— *Sinto-me bem. Meu Deus! Meu ventre está como antes de fazer o aborto. Obrigada, meu Deus! Obrigada a todos vocês! Vou embora com estes espíritos e prometo ser obediente, trabalhadora, quero aprender a ser boa pessoa. Sinto-me tranquila como há muito tempo não me sentia. Agradeço-os novamente. Também agradeço à dona Mimi. Penso que ela estava equivocada em afirmar umas coisas que agora entendo não serem reais, mas me auxiliou. Que Deus nos abençoe!*

Chorou novamente. Dois trabalhadores da equipe do plano espiritual aproximaram-se dela, pegaram em suas mãos e a levaram dali.

Por segundos, o escritório ficou em silêncio. Epaminondas e a sobrinha estavam atentos.

"Coitada! Errou e sofreu. Tomara que fique bem", desejou Estela.

"José Elídio", pensou o dono da casa, "sofreu tanto por remorso. Que história! Vou contar tudo a ele".

— Vamos nos concentrar para receber mais um convidado — pediu Juarez.

9

O Fantasma da Lua Cheia

— *"Convidado"?! Nem sei como e por que estou aqui* — falou Elisa, repetindo o que um desencarnado falava.

— Boa noite! — cumprimentou Marta.

— *Boa noite! Sou o Fantasma da Lua Cheia. Gosto de ser chamado assim, meus amigos moradores do Além nem sabem meu nome, me chamam por este apelido. Aqui, no sítio, eles me chamam de Grosseirão. Sou grosseiro somente com quem merece. Sei ser educado. Repito, não fui convidado; se tivesse sido, não teria aceito. Estou aqui neste cômodo da casa desde que entraram, escutei a leitura e a oração. Essa prece é bonita, mas não é para mim. Escutei a mulher do Zé. Fico contente por ela ter ido embora. Melhor para ele. E ali está a Mimi, recuso-me a chamá-la de "dona", ela não é dona de nada. É a Santa do Fingimento! Tem medo de mim; quando venho aqui, se escondem: ela e a mãe.*

— Vem muito aqui? — perguntou Marta.

— *Venho somente para fazer o que tem de ser feito* — respondeu Elisa, repetindo o que o espírito dizia. — *Não era para estar aqui esta noite.*

— Fomos buscá-lo para que recebesse orientação.

— *Interessante este processo. Muito! Eu falo, e ela repete. Estou vendo quatro desencarnados atentos ao que faço. Vocês por acaso sabem quem eu sou?*

— Não sabemos; se quiser falar, estamos atentos para escutá-lo — respondeu Marta.

— *Venho aqui, como já disse, para cumprir minha obrigação e volto para o meu lugar. Porque estão aqui?*

— Viemos a esta casa para tentar auxiliar todos os desencarnados envolvidos com este sítio.

— *Não sei se conseguirão, estava sossegado lá na esquina. Gosto de ir ao bar, estava lá e, de repente, me vi aqui. Não me embriago, é difícil eu vampirizar os beberrões do bar. Não gosto mais da bebida. Divirto-me escutando conversas dos encarnados e dos desencarnados.*

— Sabe então que é um desencarnado? — indagou a orientadora.

— *Não falei que estou aqui desde que começou este falatório? Há muito tempo que sei que estou morto. Tenho até o apelido de Fantasma.*

— Por que vem aqui?

— *Para bater no senhor, no ex-dono da fazenda, no pai daquela ali. Fique quieta, Mimi; se você se intrometer como fez com a mulher do Zé, dou-lhe umas bofetadas. Como ia dizendo, venho aqui no primeiro dia da lua cheia, bater nele. Espero que não fiquem com peninha desse homem.*

— Senhor — perguntou Marta —, por que faz isso? Você se satisfaz castigando-o?

— *Não se intrometa a senhora também. Não tem nada a ver com isso. Vou embora* — fez uma pausa. — *Por que não consigo sair daqui? Não consigo nem me mexer. Não estou gostando disto! É melhor vocês me deixarem ir embora. E você, moça, por que não grita? Estou falando alto e ela continua repetindo em voz baixa. Por que não repete meus xingamentos?*

— Calma! Você não pode sair, não sairá até conversar conosco, e educadamente. Por favor, comporte-se! — pediu a doutrinadora.

— *Deixe-me ir embora. Se não é para eu vir mais aqui, não venho. Já o castiguei bastante. Porém, aviso-os: se eu não o castigar, será pior.*

— Por que você acha que será pior?

— *Dou-lhe um corretivo todos os meses* — respondeu o desencarnado. — *Sem isto, com certeza, ele se sentirá com mais poder e atormentará os encarnados.*

— Podemos saber por que faz isso? Por que vem aqui bater nele?

— *Não gosto de falar do passado. Foi tudo muito triste* — o desencarnado suspirou. — *Sofri muito! Minha vida não foi fácil. Desde pequeno, trabalhei muito. Não vou falar.*

— Está bem, respeitamos sua vontade. Porém, lhe indago: Até quando ficará assim? Vagando? Continuando infeliz? — perguntou a doutrinadora.

— *"Infeliz"? Não julgava ser, sentia-me às vezes triste e sozinho. Vendo esses espíritos que estão aqui, começo a pensar que continuo infeliz. Eles me parecem estar tão bem, calmos, limpos... transmitem paz.*

— Eles aprendem a amar.

Na sombra da montanha

— *Vou contar a vocês o que me aconteceu. Escutando-me, talvez, me entendam e, quem sabe, me auxiliem no castigo que dou a ele. Nasci num lar pobre. Minha mãezinha era uma pessoa boa, fez de tudo para nos educar, a mim e aos meus irmãos.*

O desencarnado, embora tivesse afirmado que não queria falar de si, relaxou, acomodou-se mais perto da médium, sentou-se e continuou a contar:

— *Minha família morava aqui perto. Quando moço, ia à cidade aos sábados e foi lá que conheci a minha Mariinha, moça bonita e prendada. Namoramos e casamos. Vim trabalhar aqui na fazenda, que, naquela época, era grande. Se estava bom por um lado, não estava por outro. O Coisa Ruim não era bom patrão. Trabalhávamos muito, Mariinha e eu recebíamos pouco. O lado bom é que nos amávamos. Até procurei outro emprego, mas infelizmente as fazendas por aqui eram todas parecidas. Numa tarde, o senhor acusou minha mulher de ladra. Disse que ela tinha roubado um colar, uma joia cara de sua esposa. Mandou um empregado à nossa casa, que encontrou a joia. O dono das terras tinha sempre de cinco a seis empregados que também faziam sua segurança, ele tinha muitos desafetos, e estavam, ele e os outros fazendeiros, sempre em desavenças. Estes empregados eram chamados de "jagunços" e estavam sempre armados. Já estava escurecendo. Meu patrão ficou possesso, mandou amarrar Mariinha num tronco de uma árvore no pomar. Fui defendê-la, os jagunços me seguraram, e ele a chicoteou. Gritei, e ele me perguntou: "Essa ladra já levou dezenove chibatas, quer agora apanhar no lugar dela?". Respondi que "sim". Os três homens que me seguravam me soltaram, e fiquei na mira de três armas. Corri, protegi Mariinha com meu corpo e recebi dezenove chicotadas. A lua estava linda, na fase cheia e, de onde estávamos, minha mulher e eu víamos a lua redonda como um prato prateado a clarear o local. Para não gritar de dor, fixei meu olhar na lua. Estava, naquele momento, desesperado; sentia a dor física, mas a moral era maior, estava impotente, apanhando como escravo e vendo a mulher que amava ferida, gemendo. Escutei: "Já basta. Solte-a e que sejam levados daqui". Foi a ordem do senhor das terras. Um empregado a desamarrou, ela estava amarrada por cordas na árvore. Mariinha caiu no chão; eu, embora fraco, com dores e sangrando, a levantei. O empregado, cumprindo a ordem, com uma charrete, nos levou à cidade, nos deixou na periferia, disse que no outro dia iria levar ali algumas coisas nossas. Não tínhamos para onde ir, a noite estava fria. Um mendigo que morava num barraco nos convidou para entrar. Este homem nos ajudou, esquentou água para limpar nossos ferimentos. Mariinha começou a passar mal, foi então que percebi que ela estava tendo uma hemorragia. "Estou perdendo o nosso neném", contou ela. Não sabia e perguntei: "Por que não me contou?". "Ia fazê-lo esta noite, agora não tem importância." Não sabia o que fazer, mas o mendigo sim, e decidiu: "Vamos deitá-la aqui e aquecê-la, vou buscar o médico". "Não tenho dinheiro", lamentei. "Esse médico não cobra dos pobres", afirmou o homem, "é uma pessoa muito boa. Vou buscá-lo". Saiu, não acreditei que o médico viria. Desesperado, não sabia o que fazer. Segurei nas mãos dela e rezei, implorei a Deus para salvá-la. Mariinha perdia muito sangue e gemia. "Estou ficando fraca", disse. O mendigo e o médico chegaram. Ele perguntou o que acontecera e, me ouvindo explicar, foi examinando-a. Pediu panos, e o homem que nos hospedava correu e pediu aos vizinhos, que eram todos pobres, mas voltou com lençóis. O médico tentou de tudo para salvar minha mulher. Porém, quando o dia clareou, Mariinha morreu. O médico tentou*

Na sombra da montanha

me consolar. "Ela foi para o céu, estará melhor. Sinto muito. Não consegui salvá-la." Foi embora de cabeça baixa. Fiquei transtornado, não conseguia sequer ordenar meus pensamentos. Foram aqueles pobres da periferia que moravam em barracos que me ajudaram. Mariinha foi enterrada à tarde. A família dela veio, e escutei de um de seus irmãos: "Você é um miserável, não soube defendê-la!". — O desencarnado fez uma pausa e perguntou:
— Tenho ou não tenho motivos para castigá-lo? Todos aqui estão quietos. Sentem dó de mim?

— Estamos atentos ao seu relato. Por favor, continue — pediu Marta.

— *Voltei do enterro e fui para a casa do homem que nos abrigara. Ele me deu uma sopa, comi, fazia mais de trinta horas que não me alimentava. Depois ele me deu um copo cheio de aguardente, tomei e dormi. O empregado da fazenda trouxe algumas coisas nossas, panelas e roupas. As roupas de Mariinha, dei para as mulheres vizinhas, e o resto ficou no barraco. Comecei a me embriagar. Um dos meus irmãos veio me ver, quis me levar para a casa dele ou para a dos meus pais, que estavam idosos. Não quis ir. Sentia tanta dor que não conseguia raciocinar, suavizava minha tristeza com o álcool. Os ferimentos físicos doíam e foram cicatrizando, mas não os da alma, ambas as dores deixaram marcas. Tornei-me um vagabundo, mendigo e bêbado.*

Novamente o desencarnado fez uma pausa. Marta perguntou:

— Com certeza, você agradeceu ao médico, ao homem que os abrigou e aos vizinhos, não foi?

— *Como?!*

— Você não os agradeceu?

— *Não! Não o fiz!* — exclamou o comunicante.
— Por quê?
— *Não sei. Pensava somente no meu sofrimento.*
— Entendemos que sofreu. Não deveria, porém, se lembrar de que aquele homem ofereceu a vocês dois, que lhe eram desconhecidos, o que ele tinha, sua casinha? Do médico, que se privou do seu descanso e ficou horas tentando salvar sua esposa e não cobrou? Dos vizinhos que, mesmo tendo tão pouco, o ajudaram a fazer o enterro e lhe deram consolo?
— *Agora estou entendendo o que eles fizeram por mim. Fiquei no barraco com aquele homem, tornamo-nos amigos de bebedeira. Ele morreu, fiquei ali, e, anos depois, meu corpo faleceu. Continuei minha vidinha, enturmei-me com outros afins. Aprendi muitas coisas com espíritos que vagavam: como vampirizar para ter sensações e como deveria agir para me vingar. Resolvi esperar meu desafeto desencarnar para castigá-lo. Mariinha veio me ver, estava muito bonita. Contou que estava bem, que morava com outros desencarnados num lugar bonito. Falou do passado, disse que perdoara e que não fora ladra. O patrão, naquela época, a estava assediando e, como ela se recusara a ser amante dele, aconteceu o castigo. Ela não roubou a joia. Insistiu para eu perdoar e ir com ela. Mariinha fez isto mais quatro vezes. Neguei. Queria me vingar, mais ainda quando soube de tudo; antes tinha dúvidas, pensava que minha mulher, numa tentação, pegara a joia. Ela tinha me pedido várias vezes para irmos embora daquela fazenda. Na última vez que vi Mariinha, ela se despediu, disse que ia nascer de novo. Minha mãe morreu, fiquei sabendo dias depois, ela também veio tentar me levar. Resolvi me vingar. Por este motivo, fiquei mais lúcido, não vampirizei mais o álcool dos encarnados que se embriagavam. Esperei.*

Na sombra da montanha

O dono da fazenda desencarnou, tornou-se ex-dono. Porém, aborreci-me, ele foi levado para o Umbral por outros desafetos. Consolei-me porque ele sofria por lá, mas eu queria castigá-lo do modo que planejava. Alguns anos depois, eu o peguei, tirei-o do Umbral e o trouxe para cá. Aqui estavam a esposa dele e a filha, que também já tinham mudado de plano. Nenhum deles mereceu ser socorrido, vagavam. Então, organizei minha vingança.

— Sente-se satisfeito com o que faz? — indagou Marta.

— No começo, sentia-me, agora não sei. Toda lua cheia venho aqui, o amarro e lhe dou dezenove chibatadas. Não é a mesma coisa, não é como se tivesse carne. Ele sente dor porque eu quero, mas é bem menos; se fosse encarnado, sentiria mais. O ferimento sara logo.

— O desencarnado fez outra pausa e falou mais alto: — *Por que essa mulher está me olhando? Não deu palpites, mas está assustada. Não sabia disso?* — Nova pausa. — *Pensava realmente que Mariinha tinha roubado e que somente tínhamos sido expulsos da fazenda? Não sabia do castigo? Acredito, você não devia saber mesmo. Foi isto o que de fato ocorreu. Meu ex-patrão não tinha como se safar do castigo. Não consegue se esconder de mim. Chamo-o, e ele vem para ser chicoteado. Ameaço-o também e, afirmo, ele sabe que faço o que falo, que, se ele não vier, apanhará dobrado ou chicotearei a mulher ou a filha. Por que agora estou pensando naquele médico? Por que estou pensando no dono do barraco? Naqueles vizinhos? Suas fisionomias vêm à minha mente. Vejo-os nitidamente. Por quê?*

— Talvez seja porque lhes deve agradecimentos — respondeu Marta — ou para entender que você somente se fixou nas maldades que lhe fizeram, esquecendo-se do bem que recebeu. Tanto sua esposa quanto sua mãe tentaram alertá-lo para que conhecesse outra forma de vida, que perdoasse, mas não quis.

— Que coisa! Não quero pensar naquele médico ali naquele barraco de um só cômodo, suado, tentando salvá-la, preocupado comigo, lutando contra a morte. Era um bom profissional, não cobrou, foi atendê-la sabendo que não ia receber, não exigiu nada, e eu nem agradeci. Estava transtornado naquele momento, mas depois poderia ter agradecido, ter dito "Deus lhe pague", mas não o fiz nem agradeci às pessoas que me ajudaram. Queria somente me vingar. O que fiz de minha vida? Não tenho nada nem ninguém. Nada! Não sei das pessoas que amei e que me amaram, sei somente do desafeto. Por que estou sentindo que fui eu a dar as chicotadas? Por quê? Querem me enlouquecer?

— Você, nestes anos — respondeu Marta —, deve ter visto muitas coisas e entendido outras, como, por exemplo, que nosso espírito reencarna, veste um corpo de carne, este falece, continua vivendo e volta a um outro corpo, tendo um novo reinício. Você também já reencarnou muitas vezes. Está sentindo o que fez para ter sido injustiçado e chicoteado. Lembra-se?

— Estou recordando: fui um jagunço, roubei uma arma, coloquei a culpa num negro e o chicoteei sabendo que era inocente. Ele me perdoou. Eu, nesta existência, não reparei meu erro!

— Nesta sua última reencarnação, recebeu a reação desse ato errado. Deveria ter perdoado, aprendido a lição de não cometer uma injustiça, perdoar e continuar vivendo, trabalhando, sendo honesto. Se tivesse prestado atenção, teria sido grato àqueles que lhe ajudaram e seguido o exemplo deles, que, mesmo com pouco, doaram. Poderia ter sido feliz, constituído outra família. Sua esposa fez isto, não ficou parada, seguiu em frente, foi socorrida; foi, após a morte de seu corpo físico, para um lugar bonito, entendeu que tudo tem razão de ser, perdoou, se preocupou com você e ficou bem. Convido-o a agradecer àqueles que o ajudaram. O médico é fácil, é um trabalhador do bem na cidade: benfeitor encarnado, bondoso servidor desencarnado. Se não encontrar os outros benfeitores, aja como eles, faça o bem, somente assim terá paz.

— Nunca pensei que eu tinha feito algo parecido com o que recebi. Sinto, no meu íntimo, serem verdadeiras estas lembranças. Odiei tanto ser castigado e já castiguei. Se aceitar a ajuda de vocês, para onde irei? — ele quis saber.

— Primeiramente, para um abrigo, um local onde poderá conviver com pessoas que se esforçam para ser boas. Ouvirá o Evangelho, poderá estudar para saber ler e escrever, aprenderá a fazer o bem. Poderá, depois de um tempo, se quiser, voltar a reencarnar.

— Como sabe que não sei ler?

— Senti que tem vontade de saber — respondeu Marta, intuída pelo mentor espiritual do grupo.

— Tenho mesmo. Vou embora com vocês. Para demonstrar que começo a entender, quero dizer: Obrigado! Muito obrigado! Vocês livram o sítio do Fantasma da Lua Cheia! Você aí, diga ao seu pai que não me verá mais. Estou indo embora e espero ser para sempre.

— Você não poderia perdoar para ser perdoado ou como foi perdoado?

— Nunca pensei em perdoar — suspirou o desencarnado —, mas, agora que lembrei ter sido um carrasco, entendo que você tem *razão. Se preciso de perdão, devo perdoar. Mas, se falar que perdoo, não é com sinceridade. Vou me esforçar, no lugar para onde vou, para me melhorar, quero escutar orações e o Evangelho, e aí talvez meu perdão seja sincero. No momento, não estou com vontade de perdoar. Mas minha gratidão, esta é sincera. Sinto-me grato. Adeus!*

Elisa suspirou e, por segundos, ficaram calados. Marta ia encerrar quando Marcelo falou, repetindo o que um desencarnado dizia:

— Boa noite, amigos! *Sinto-me alegre por estar aqui esta noite. Também trabalho ajudando o próximo.*

— Boa noite — respondeu Marta. — Poderia nos explicar o porquê de estar aqui?

— *Faço parte dos trabalhadores do centro espírita da cidade e também de uma equipe de um hospital, na ala que atendem pessoas que sofrem por queimaduras. Vim aqui porque fui atraído por alguém. Pedi ao orientador do grupo se podia me comunicar e, com a permissão, vou dizer algo para esclarecer. Não se culpe! Naquela época, estava triste realmente, sofria; porém, nunca pensei em desencarnar. Sabia que tudo passa e que aqueles momentos sofridos também passariam. Foi um acidente! Raciocinando, depois do ocorrido, compreendi que seria difícil voltar. A intenção é a que vale, quis salvá-los. Desencarnei por sufocação, pensei que desmaiara e acordei dias depois num local de socorro. Chorei muito quando soube que tinha desencarnado. Gostava de viver e não queria morrer, mas a morte do meu corpo físico foi diferente de como pensava. Fui muito auxiliado, minha avó materna me ajudou; meses depois, aceitei minha mudança de plano e continuei amando a vida. Fui estudar para aprender a viver no plano espiritual e conheci muitas coisas do lado de cá. Entendi que tudo tem razão de ser, estou bem, sou feliz.*

— Você vem muito aqui neste sítio? — perguntou Marta.

— *Visito-os.*

— Sabia desses desencarnados que estavam aqui?

— *Sim, sabia* — respondeu o comunicante. — *Via-os, embora eles não me notassem, não sentiam minha presença.*

— Tem mais algum desencarnado aqui ou que visita esta casa que não sabemos?

— *São esses mesmos.*

— Você não poderia tê-los ajudado? — Marta quis saber.

— *A ajuda maior que vocês, encarnados, e a equipe desencarnada estão dando é alertar os que aqui moram. Com certeza, esses espíritos socorridos irão aprender e seguir seus caminhos longe daqui. Os encarnados com certeza meditarão sobre o que viram e ouviram; espero que procurem compreender a vida como una e que, quando fizerem suas passagens para este lado, o espiritual, não fiquem vagando. Sim, poderia socorrê-los, levá-los um a um para uma orientação, mas não iria obter êxito, pois queria ajudar também os encarnados. Almejava mesmo que eles pensassem na desencarnação e que conhecessem a Doutrina Espírita. Agradeço-os e lhes desejo paz e tranquilidade. Obrigado!*

— De nada. Se quiser falar mais alguma coisa, fique à vontade — falou Marta.

— *Era somente isto. Queria dizer que não quis morrer. Tudo está certo e sou grato pelo que faz em minha intenção. Muito grato. Os sentimentos não mudam, eles nos acompanham no plano espiritual. Boa noite!*

— Boa noite! — respondeu Marta e determinou: — Agora vamos orar e terminar nossa reunião.

— Deus, nosso Pai — orou Juarez em voz alta —, agradecemos por tudo ter corrido bem. Que os bons espíritos possam continuar ajudando esses desencarnados que aqui estiveram para receber esclarecimentos. Também somos gratos pelas lições que aprendemos. Que Jesus nos inunde de luz e bênçãos. Assim seja!

— Assim seja! — responderam todos.

Juarez acendeu a luz; durante a sessão, somente um abajur estava acesso.

— Agora podemos conversar — falou Marta.

Os dois convidados, Epaminondas e Estela, se olharam e depois observaram os quatro, que estavam tranquilos e sorriam.

10
Comentários edificantes

— Vocês estão bem? — perguntou Marta, olhando para o tio e a sobrinha.

— Sim, estou — respondeu o dono da casa. — Foi uma experiência que me comoveu, estou admirado. Estou contente por vocês estarem resolvendo este problema que nos aflige e os deles, dos desencarnados envolvidos.

— Também estou bem — afirmou Estela. — Obrigada. Confesso que senti raiva destes espíritos, mas, depois de escutá-los, compreendi que todos tiveram motivos para estarem vagando, sofreram e sofrem. Deve ser muito ruim se sentir perdido. Os desencarnados ainda estão aqui?

— Os desencarnados que receberam orientação foram levados pela nossa equipe espiritual — esclareceu Marta. — A moça foi para o posto de socorro situado no plano espiritual do centro espírita que frequentamos. Ela será tratada; por sentir culpa, tem, no seu corpo perispiritual, sequelas do aborto que fez.

— Ela se recuperará? — perguntou Elisa.

— Esperamos que sim — respondeu Marta. — Penso que não ficará muito tempo conosco, deverá reencarnar, ter a bênção do esquecimento e do recomeço.

— A moça tem medo de reencarnar e não poder ter filhos. Isto poderá ocorrer? — Elisa quis saber.

Foi Marta quem respondeu, esclarecendo:

— No plano espiritual não existe: fez isto, acontece isto. A lei de causa e efeito existe, mas, para cada ação, as reações podem ser muito diversas. Esta desencarnada terá tratamentos, estará entre amigos, mas dependerá dela se recuperar totalmente. Mesmo abrigada, se ela continuar se sentindo culpada, pensar no que fez, poderá novamente se sentir doente. Se isto ocorrer, com ajuda, conversas, poderá voltar a se sentir sadia. Mas, ao reencarnar, se ainda sentir remorso destrutivo, poderá afetar o corpo físico e ter, no futuro, problemas no aparelho reprodutor. Porém, nem todas as mulheres que têm problemas para engravidar os têm por este motivo. Temos, atualmente, muitos tratamentos para esta dificuldade e, com certeza, teremos muitos outros. E quem quer ser mãe pode recorrer à adoção, pois mãe e pai verdadeiramente são aqueles que cuidam, educam e amam. Conheci uma senhora, mãe de cinco filhos, que trabalhou num orfanato por trinta anos, foi uma dedicada funcionária, as crianças a amavam. Desencarnou e, meses depois, deu-nos uma comunicação, dizendo que em sua outra existência tinha feito oito abortos. Desencarnou, sofreu, compreendeu seu erro e veio, na encarnação seguinte, para reparar; sentia que realmente reparara, e pelo amor. O melhor que temos a fazer é reparar, construir onde destruímos, harmonizar onde desarmonizamos. Porque, quando cometemos um ato equivocado, estamos, pelo nosso livre-arbítrio, agindo de forma contrária às leis de Deus, da harmonia. Ao errar, nós desarmonizamos nossas energias, e estas necessitam ser equilibradas em nossa estrutura periespiritual. Podemos nos harmonizar pelo amor, fazendo o bem. Mas, se recusadas as oportunidades, aí caberá a dor, o sofrimento, para nos harmonizarmos.

— Quando fazemos o bem ao próximo — completou, Juarez, o ensinamento —, dizemos que é a nós que o fazemos. Realmente é isto que ocorre. Se estamos em alguns pontos ainda desarmonizados, ao fazer o bem, ao amar, vamos nos harmonizando. Concluo, assim, que fazemos muito mais a nós mesmos quando somos bons.

— Marcelo, Elisa, como vocês estão se sentindo? — quis a dirigente saber.

— Quando dei a comunicação — respondeu Elisa — do desencarnado que vinha aqui para bater no outro, senti fluidos pesados, grosseiros, ele estava com vontade de esmurrar a escrivaninha, virá-la e xingar. Depois, ele se comoveu, senti-o cansado e, por fim, a vontade dele de se melhorar. Para onde ele foi levado?

— Ficará — respondeu Marta — no nosso posto de socorro por uns dias. Nosso orientador espiritual conversará com ele para saber onde, que local, será melhor para ele. Penso que deve ser uma casa de auxílio no Umbral.

— Basta esta conversa para que eles mudem realmente? — quis Epaminondas saber.

— Não, — respondeu Juarez. — Esta é a primeira abordagem. É, para o desencarnado, um impacto importante, uma conversa esclarecedora, começaram a resolver seus problemas. Infelizmente, alguns saem do abrigo dias depois e voltam a vagar.

— Ai, Meu Deus! — exclamou Estela. — Será que eles voltarão?

— Penso que não — falou Juarez. — A ex-namorada do José Elídio não volta. O que vinha aqui chicotear provavelmente não o fará, não encontrará mais seu desafeto. Os que serão doutrinados amanhã, com certeza, também aceitarão mudar a forma de viver. Estão aqui há muitos anos e estão cansados de vagar. Quando são levados para um socorro, são muito bem tratados, participam dos ensinamentos da casa, podem ler, conversar, fazer tarefas e recebem muita ajuda conversando com orientadores. Aos poucos, vão realmente mudando.

— Marcelo, como você está? — perguntou Marta, olhando preocupada para o moço.

— Sinto-me cada vez mais envolvido neste drama. A primeira desencarnada a se comunicar, a Mimi, disse que sentia me conhecer, eu também tive a mesma sensação. Fiquei nervoso e com medo de lembrar. Mas agora estou bem. O último espírito que deu a comunicação me deu paz e tranquilidade.

— Continue a se sentir assim — aconselhou Marta. — Tenha calma! Nada é por acaso!

— Tudo bem! — concordou Marcelo. — Agora estou tranquilo!

— Devo falar ao meu empregado o que a moça que ficava com ele pediu? — perguntou Epaminondas.

— Sim — autorizou a dirigente da reunião —, porém não diga nomes ou dê a entender quem foi o amante, isto se o senhor deduziu quem seja. Aconselhe-o a esquecer, que tudo passou, ficou no passado, o presente é o período mais importante. Para ele perdoar, esquecer e não ter mágoas. Avise-o de que ele tem mediunidade, será interessante ele aprender a lidar com ela. Convide-o para ir ao centro espírita e levar a irmã. Porque a moça falou que sentia forças ao lado da irmã dele, com certeza, ela sugava energia desta encarnada. Isto não ocorrendo mais, a irmã de José Elídio se sentirá melhor.

— Isso acontecia com Isabela, não é? — perguntou Estela. — Mimi sugava energias dela, minha filha estava cansada e triste, acho que ficaria doente, sentia-se sem energia.

— Desencarnados que agem assim — esclareceu Juarez — estão ainda enraizados a sentimentos inferiores, sugam as substâncias vitais de encarnados. Fazem isto para se sentirem alimentados, fortalecidos e enfraquecem os sugados. Quando este processo é frequente e por mais tempo, o encarnado pode, sim, adoecer. Afastando o espírito, a vítima logo se recupera. Isabela estará bem em alguns dias.

— Como eles conseguiam jogar frutas, pedras? — perguntou Epaminondas.

— Eles puderam fazer estas manifestações físicas porque aprenderam a fazê-las. Conhecimentos têm aqueles que estudam e se dedicam a aprender, não é privilégio dos bons. Maus, imprudentes, podem aprender. Usavam dos fluidos da natureza, aqui abundantes, e da mediunidade de José Elídio e, depois, de Estela e Isabela.

— Eu sou médium? — indagou Estela.

— Sim, é — respondeu Marta.

— E agora? O que faço?

— Aconselho-a a ir aprender fazer o bem com sua mediunidade — falou Marta.

— Tenho de desenvolver? — Estela estava preocupada.

— Não é obrigada — novamente, Marta tentou elucidá-la. — Não somos obrigados a nada. Temos o nosso livre-arbítrio, fazemos de nossa vida o que queremos, porém existe a lei do retorno. Faço o bem, recebo o bem; ajo com maldade, colho dores; se nada faço, recebo a inércia. Afirmo a você que é prazeroso fazer o bem com a mediunidade, sentimos paz, e o tesouro que adquirimos é o do conhecimento. Aprendemos muito trabalhando para o bem com a mediunidade e, para isto, basta aprender.

— E a mediunidade de Isabela? O que faço para ajudá-la? — a mãe da garota quis saber.

— Você, frequentando o centro espírita — esclareceu Marta —, nenhuma energia negativa ficará na casa, com você, e, consequentemente, nada atingirá sua filha. Se você levá-la para tomar passes e se ela frequentar a Evangelização Infantil, aprenderá a lidar com sua mediunidade e será algo que aprenderá a amar. Somente trabalhará quando for adulta.

— Ela não sofrerá por ser médium?

A mãe estava realmente querendo saber para ajudar a filha.

— A mediunidade — respondeu Marta — não causa sofrimento. Pode ser de uma pessoa ser médium e acontecer com ela o que ocorreu com José Elídio e Isabela, desencarnados ficarem perto sugando energias ou os prejudicando. Isto não ocorre com quem trabalha, porque de médiuns ativos no bem, um espírito experiente torna-se guia, mentor, protetor e os protege dos desencarnados mal-intencionados. A mediunidade é uma importante oportunidade de conhecimento e instrumento para fazer o bem.

— Vou ser espírita e ajudar as pessoas como estou sendo ajudada! — determinou Estela.

— Achei muito interessante — comentou Juarez — o depoimento do desencarnado que disse que seu apelido era Fantasma da Lua Cheia e que, na noite em que nosso satélite está na sua fase mais bonita, vinha aqui para chicotear seu desafeto. Devemos prestar atenção ao que ele contou para nunca agir assim. Viu somente o que de ruim lhe fizeram. Não prestou atenção no bem que recebeu. Com certeza, foi doloroso ver a mulher que amava ser acusada; ele duvidou da inocência dela, soube a verdade quando desencarnou, e ela veio vê-lo, tentou auxiliá-lo. Recebeu, naquela noite de luar, dezenove chicotadas no lugar dela. Não sabia que a esposa estava grávida e, com a violência sofrida, aconteceu o aborto. Não quis saber se houve motivos para ter sofrido esta violência. E teve motivos, foi uma reação de atos indevidos no passado. No seu sofrimento, recebeu muitas ajudas. Um empregado os tirou da fazenda e os levou à cidade. O mendigo que se embriagava os acolheu em seu barraco e dividiu com os dois o pouco que tinha. O médico veio atendê-la;

a cidade, naquele tempo, não tinha hospital, ele ficou ali, tentando salvá-la por muitas horas. Não cobrou; sabia, quando foi, que não ia receber nada e, de fato, não escutou nem um agradecimento. Para ele, não fez diferença porque agiu por amor à profissão e ao próximo. Este espírito é um grande exemplo, um benfeitor que, desencarnado, continua fazendo o bem porque tem de fazer, porque ama. Também não prestou atenção nas atitudes dos vizinhos, todos residiam em barracos e o ajudaram. Tudo o que recebeu ficou escondido, ignorado pela vontade de se vingar. Para ele, foi como o sol que escondeu as estrelas. Isto pode ocorrer conosco: às vezes recebemos muito de uma pessoa e basta que ela nos faça algo que não gostamos ou que não possa nos fazer um favor para nos fixarmos neste fato e esquecermos o tanto que recebemos. A vida deste homem poderia ter sido muito diferente, como seria a de muitas outras pessoas, se, em vez de se fixar em acontecimentos ruins, desse ênfase e valor ao que de bom recebeu.

— Concordo — afirmou Elisa —, é uma lição para ser pensada e seguida. O bem sempre deve prevalecer e ele nunca deve ser ocultado pela maldade.

— A primeira a falar foi a Esmeraldina, a Mimi... Ela ainda está aqui? — perguntou Estela.

— Não — respondeu Marta —, ela foi levada para onde estão seus pais, que amanhã receberão orientação. De onde está, meditará sobre o que escutou e depois dormirá. Era ela quem incentivava aquela desencarnada a cumprir seu juramento, a estar sempre perto do antigo namorado impedindo-o de que fosse feliz, casasse e tivesse filhos. Porém, ela desconhecia parte do que aconteceu. Ficou admirada quando soube a verdade. Como também se assustou quando soube o que o pai fez. Pensava que a empregada roubara a joia. Com certeza, ela saberá de muitas coisas. Conhecer a verdade a fará mudar de ideia, não irá querer ficar mais aqui e espontaneamente pedirá para ser socorrida.

— Ela não ficando mais perto de Isabela é o que me interessa — falou Estela. — De fato, escutando os desencarnados percebi que todos têm sua história de vida. Fizeram outros sofrer, mas também sofreram, sentiram medo e querem ser felizes.

— É isso mesmo, — concordou Juarez —, todos nós temos história e, por ser nossa, é especial.

— Por que a ex-namorada de José Elídio ficou presa a um juramento? — Epaminondas quis entender para aprender.

— Pelo que entendi escutando seu relato — respondeu Juarez —, essa moça ficou mais por falta de opção e por medo. Como Mimi ajudou-a, esclarecendo-a de que estava desencarnada, porém afirmou que, para não ir para o inferno, tinha de cumprir seu juramento, esta desencarnada ficou perto dele. Ela sabia de algumas coisas. Deve ter conversado com socorristas do hospital, pois sabia que o espírito que ia ser seu filho a perdoara. Não estava bem, mas tinha medo de ficar pior. José Elídio sentia remorso; com certeza sentia culpa por tê-la abandonando e, pela culpa, aceitava-a perto.

— Se ela tivesse desencarnado por um aborto espontâneo, isso teria ocorrido? Ela ficar vagando? — Estela quis saber.

— Se vagasse, não seria por esse motivo — respondeu Juarez. — Um aborto espontâneo normalmente causa grande sofrimento para uma mãezinha e sua família. A maioria dos desencarnados que vagam é porque não aceita a mudança de plano e se ilude pensando que estão ainda encarnados. Os motivos são muito para que isto ocorra.

— Como podem ficar tanto tempo vagando? — perguntou o dono da casa.

— Os motivos também podem ser muitos — esclareceu Juarez. — Nesta noite, vimos dois motivos. A moça que julgava ter de cumprir um juramento, mas ela realmente vagava pelo sentimento de culpa. O desencarnado que aqui vinha vagava pela vontade de se vingar. Poderemos saber o porquê de Mimi estar aqui e de seus pais. Em anos trabalhando neste auxílio, orientando espíritos, percebi que muitos vagam porque não querem se afastar de afetos ou da matéria, de bens financeiros que julgam lhes pertencer. Realmente os motivos são diversos.

— Mimi e os outros desencarnados não entravam nos lugares que o índio fechou. Queria entender este fato — Epaminondas realmente queria compreender.

— Não sei o que esta pessoa, o índio, fez aqui no sítio e na casa — respondeu Marta, instruída pelo seu mentor. — Este homem deve ter mediunidade em potencial. Com certeza, veio aqui e conversou com os desencarnados, porém não os orientou. Veio para fazer seu trabalho e foi remunerado. Infelizmente, não se preocupou se estes espíritos sofriam ou não, nem quis ajudá-los ou talvez não soubesse como auxiliar. Fez um trato: eles poderiam ficar desde que não incomodassem muito e não entrassem em certos lugares. Para isto, o índio deve ter queimado ervas que os incomodam.

Curiosos, foram verificar e, como não conseguiram ficar nestes locais, pensaram que lhes eram vedados. As ervas os incomodaram, e eles não tentaram mais. Se tentassem depois, nada lhes aconteceria. Estes cômodos não estão fechados a desencarnados. Penso que, pelo trato, Mimi levou-o a sério e, é ela quem controla tudo, determinou que nenhum deles entrasse nos lugares vedados.

— Ainda bem que eles não sabiam disso! — suspirou Epaminondas. — Realmente, fizemos um trato através do índio: eu não cortaria a árvore seca do jardim e Mimi nos protegeria. Fiz mal em fazer este trato?

— Saber sempre faz falta — respondeu Marta. — Se tivesse conhecimento, tentaria buscar auxílio com pessoas sérias, em um centro espírita. Não faria trato nenhum, mas faria o que estamos fazendo agora, auxiliando-os, esclarecendo-os. Se não fez o correto, foi por ignorar. A partir do momento que se sabe, deve-se fazer corretamente. Todos os desencarnados que incomodam devem ser orientados e receber oferta de socorro.

— Como se sentem depois da ajuda que dão? — perguntou Epaminondas.

— Voltando ao assunto da harmonia — respondeu Juarez —, sinto-me muito bem e penso que os outros também se sentem. O maior tesouro que podemos adquirir é o conhecimento adquirido pelo esforço e, se o colocarmos em prática, é algo que nos acompanhará quando fizermos a mudança de plano. Aprendemos muito com este trabalho. Nas reuniões de desobsessões, repetimos muito, orientando desencarnados, que seus corpos físicos morreram; penso que nós não necessitaremos desta orientação, com certeza saberemos logo quando isto ocorrer conosco. Uma vez, no meu trabalho como mecânico, consertando uma máquina, um martelo caiu na minha cabeça. Desmaiei. Acordei no hospital. Veio à mente o ocorrido na oficina, olhei bem onde estava e concluí que estava num leito de hospital. Pensei: "Será que desencarnei? Se meu corpo físico faleceu, devo ter calma. Estou socorrido". Espreguicei-me, a cabeça doeu. "Deve ser ainda o reflexo do corpo carnal. Vou me levantar." Ia me erguer quando um enfermeiro entrou e falou: "O senhor não pode se levantar! Quieto aí!". "Estou encarnado?", perguntei. "O que o senhor disse?", o enfermeiro não entendeu. "Onde está minha esposa?" "Ela já vem. Deite-se e comporte-se", ordenou o enfermeiro. Com certeza, a morte do corpo acontecerá como ocorre com todos, sei que desencarnarei e tomara que, quando isto acontecer, possa contar com amigos. Porém, tenho a certeza de que saberei, aceitarei esta mudança e serei muito grato ao auxílio que receber.

— Alguém mais quer comentar? Fazer perguntas? — indagou Marta.

Como ninguém respondeu, Juarez finalizou:

— Vamos encerrar, aceitaremos tomar chá e depois iremos descansar.

Levantaram-se e se dirigiram à sala de jantar. Josemar tinha deixado tudo arrumado para o lanche. Estela rapidamente esquentou a água para o chá. Tomaram e comeram os quitutes. Depois, Estela os acompanhou até seus aposentos e foi verificar se a casa estava fechada; quando voltou para o corredor e ia entrar no quarto das crianças, viu o tio na porta do quarto dele. Epaminondas fez um sinal com a mão convidando-a a entrar. A sobrinha o fez, e ele fechou a porta.

— O que você achou da reunião? — perguntou o tio.

— Gostei — respondeu Estela. — O que quero mesmo, titio, é ficarmos livres desses desencarnados que estão nos perturbando.

— Eu achei muito interessante. Já tinha escutado comentários sobre essas reuniões, assisti-la foi uma experiência fantástica. Vou pedir novamente para participar amanhã. Saber o que aconteceu com eles com certeza os fará entender. Minha sobrinha — Epaminondas a olhou e, nos seus olhos, havia súplica —, acho que você deve ter percebido quem era o último desencarnado que se manifestou. Tem conversado com Isaurinha, ele falou que alguém pediu sua presença.

— Sim, titio, senti-o, foi João Roberto.

— Compreendeu mais? — ele perguntou, falando em voz baixa.

— Acho que sim.

— Peço-lhe não contar nada a ninguém, por favor — rogou o dono da casa. — Pedi, em pensamento, a presença dele na reunião. Depois do depoimento da moça, roguei pra ele vir. Não esperava ser atendido. Foi uma grata surpresa.

— Não falo nada! Não tinha intenção de contar nem comentar com o senhor. Agora, não digo nada disto a ninguém, nem ao Mariano. Posso jurar!

— Tranquilizo-me. Ninguém soube ou sabe. Os pais dele não precisam saber. Isto foi há muito tempo. Conhecemo-nos no exército. Tive medo de comentários e nos separamos. Nesses anos todos, senti remorso, pensava que ele procurara a morte. Sinto-me aliviado. Ele agradeceu, sabe o que faço por seus pais.

— Foi maravilhoso! — exclamou Estela. — Esta comunicação foi realmente esclarecedora.

— Para mim, foi um bálsamo. A comunicação dele comprovou ser tudo o que vimos e escutamos, verdadeiro. Ninguém sabia, e ele falou o que eu precisava ouvir. Vou saber mais sobre o espiritismo.

— Fico contente pelo senhor. Não é bom sentir remorso. Agora sabe o que aconteceu, que ele está bem e feliz no plano espiritual e que vem visitá-los. Titio, João Roberto queria que isto ocorresse, que buscássemos ajuda para sermos esclarecidos.

— Foi isso! Entendi que ele quis nos ajudar. Estou aliviado por ter sido perdoado. Você não vai mesmo falar?

— Juro, titio, pela felicidade dos meus filhos. Juro que não falo nada a ninguém.

— Obrigado! Sinto-me aliviado duas vezes. Foi algo tão profundo que não quero que ninguém mais saiba. Vamos dormir?

— Boa noite, titio!

Estela saiu do quarto.

Epaminondas ficou ainda por minutos sentado na poltrona e pensou: "Obrigado, Meu Deus, por esta graça! Pela oportunidade de saber dele. Queria tanto que João Roberto estivesse bem. Por mais este motivo, devo procurar entender o espiritismo e frequentar o centro espírita da cidade. Ele faz parte da equipe de trabalhadores. Amei-o tanto! Como pode isto ocorrer? Com certeza, se compreender a lei da reencarnação, entenderei. 'Sentimentos não mudam', afirmou João Roberto. Certamente, eles se purificam, tornam-se verdadeiros. Vou amá-lo como filho. Se sentimentos paternais são intensos, sem egoísmo, quero amá-lo assim. Saber como ele está e o que aconteceu me fez muito bem".

Foi dormir tranquilo.

Estela entrou no aposento que ia dormir, sem fazer barulho. Os três estavam dormindo, e Isabela estava com expressão tranquila. Deitou-se e orou, agradecendo a Deus.

"Realmente, todos nós temos nossa história de vida. O amor e o desamor parecem sempre estar presentes. Prometi ao titio guardar segredo, agora prometo a mim mesma não falar nada a ninguém. É bom ele não precisar sentir mais remorso. Titio é uma pessoa tão boa!"

Voltou a orar e dormiu . Sonhou com a montanha, que passeava por ela, e sentiu muita paz.

Acordou disposta.

11
Sábado

Estela acordou no horário de sempre, levantou-se, chamou Mariano para ir trabalhar, deixou as crianças dormindo e foi ajudar Josemar a preparar o café. Encontrou o tio na sala de estar.

— Titio, vamos esperá-los para o café? — perguntou Estela.

— Já tomei uma xícara. Vamos esperá-los para o desjejum.

Mariano tomou café e foi, como todos os sábados, de moto para o trabalho.

Não esperaram muito, e os hóspedes vieram à sala. Estela acordou os filhos e se reuniram na sala de jantar. Conversaram animados sem, contudo, mencionar a reunião da noite. Marcelo estava descansado e todos afirmaram que dormiram bem.

— Eu nem sonhei e não vi a Mimi! — Isabela suspirou aliviada.

— Ontem à noite — contou Elisa —, pensei bastante em algo que há tempos queria fazer e fui adiando... Quero adotar uma criança! Tive alguns namorados, não deram certo, e não me casei. Desde adolescente, quis ser mãe. Passei por situações em que esta vontade foi deixada para depois. A doença da minha mãe, depois, minha irmã, com dois filhos pequenos, ficou enferma. Agora, não tenho mais idade para ser mãe biológica e, depois, não tenho companheiro. Pensei muito no que escutei ontem e concluí que posso ser mãe! Quero ser! Talvez uma criança queira ser filho ou filha de alguém, e podemos nos encontrar para ser uma família. Talvez não seja fácil adotar. Mas, quando se quer uma coisa, temos de batalhar por ela.

— Acho — falou Epaminondas — que nada mesmo é por acaso. Vou contar a vocês um fato triste. A cidade perto do sítio é pequena, mas temos também, como vizinha, uma vila; lá devem morar umas quinhentas pessoas. Nesta vila, reside uma mulher, que é o personagem principal da história que vou contar. O marido dela há um ano e meio viajou em busca de emprego. Por dois meses lhe mandou dinheiro. Depois, ela recebeu uma carta informando que ele havia falecido em um acidente. Quando o marido partiu, ela estava grávida de seis meses. Dias depois de ter sabido da morte do esposo, o neném nasceu, um menino. Esta mulher já tinha dois filhos: um garoto, o mais velho, que agora deve ter quatro anos; e uma menininha, de dois anos e meio. Então as pessoas começaram a ajudá-la. Também tenho contribuído, compro roupas para eles e, uma vez por mês, José

Elídio e eu levamos, para esta família, alimentos; compro alguns e levo o que o sítio produz.

Epaminondas fez uma pausa e depois continuou:

— Esta senhora, há uns oito meses, passou mal, levaram-na ao médico e foi constatado, depois de exames, câncer em estado adiantado. Alguns amigos e eu intensificamos no auxílio. Ela não tem parentes na região, afirma que todos são muito pobres e que o marido foi criado num orfanato. Pensei muito: o que fez esta mulher para passar por tudo isto? Ela sabe que tem pouco tempo de vida, quer encaminhar os filhos. Deixá-los em lares confiáveis.

Todos se comoveram.

— Que história triste! — suspirou Estela.

— Quando soube da doença dela — continuou o dono da casa contando — senti ser injusto! "Por que isto?", me perguntei. Agora começo a pensar que nada é injusto. Tudo tem resposta. Pela lei da reencarnação, tudo é explicado. Terça-feira fui visitá-la. Dois irmãos que moram na vila, casados, querem ficar com os meninos. São boas pessoas, os garotos têm ido às casas destas famílias e parece que as crianças já gostam deles. A mãe quer afastá-los aos poucos do seu convívio.

— E a menina? Tem alguma família interessada nela? — perguntou Elisa.

— Não tinha até terça-feira. Pensei em conversar com Estela e Mariano para trazê-la para cá. As crianças não serão adotadas, ficarão sob guarda, mas poderão ser adotadas depois de um tempo. Esta mãezinha não queria, não quer, os filhos num orfanato ou num abrigo; deseja, para eles, um lar.

— Ai, meu Deus! — exclamou Elisa. — O que faço? Quero a menina! Será que receberei essa graça?

"Que coisa!", pensou Estela. "Realmente, quando fazemos o bem, recebemos mesmo muito mais. Sinto que Marcelo resolverá um problema, e Elisa está para receber uma graça. Tomara que dê certo de ela ficar com a menina. Vieram ajudar e estão sendo auxiliados!"

— Se você quiser, Elisa — ofereceu Epaminondas —, posso pedir para José Elídio levá-la na vila. Conhecerá a família, a menininha, ficará a par da situação e, se houver interesse, passe o dia lá. Na vila tem um bar que serve refeições: almoce e marque uma data para voltar.

— Quero ir! Não vou incomodar?

— Não — respondeu gentilmente o proprietário do sítio. — José Elídio a levará, dirá a essa mãe que você é minha conhecida e boa pessoa.

— Vou me arrumar para ir.

Elisa estava eufórica, saiu da sala e foi para seu quarto.

— Convido-os a passear — falou Epaminondas —, vou levá-los para conhecer a cidade e, depois, a fazenda. Minha sobrinha, as crianças irão conosco.

Estela entendeu que, além de não caber na caminhonete, ela deveria ficar e ajudar no preparo do almoço.

Os hóspedes foram aos quartos se arrumar. Estela viu o tio conversando na área com José Elídio, que enxugava lágrimas do rosto.

Logo após, Epaminondas entrou na sala de jantar, onde a sobrinha estava arrumando a mesa.

— Contei a ele — falou o dono da casa, — disse que nossas visitas são pessoas espíritas que vieram aqui nos ajudar a resolver os problemas das manifestações e que eles viram, ao lado dele, uma moça desencarnada, que foi convidada a comunicar na reunião que fizemos; que a ex-namorada estava perto dele pelo juramento que fizera e porque se sentia culpada. Disse-lhe também que esta moça teve outro envolvimento e, ao ficar grávida, não sabia quem era o pai e que este homem lhe deu o dinheiro para fazer o aborto.

— Zé não quis saber quem era o outro? — perguntou Estela.

— Sim, quis; ele perguntou, e eu falei o que me foi recomendado, que era para esquecer o passado, para se sentir livre da culpa e que não tinha motivos para sentir remorso. Ele, como eu, sentiu-se aliviado. Afirmou que quer esquecer o passado.

— Com certeza, esquecerá. Tantos anos se passaram! — exclamou Estela.

— Vou com as visitas à cidade — explicou o tio. — Depois, aos pastos, e, após o almoço, se eles quiserem, os levarei à montanha, iremos até onde se pode ir de veículo. Estou ansioso para a reunião da noite; espero que seja, também, proveitosa.

— Espero que o Coisa Ruim seja orientado e que vá embora.

Elisa voltou à sala com a bolsa e arrumada.

— Quero que a garotinha me ache bonita!

Epaminondas explicou ao empregado o que deveria ser feito e lhe deu dinheiro.

— Se ficarem na vila, almocem no bar. Explique a essa mãe tudo o que recomendei.

Os dois foram de carro. Elisa estava ansiosa.

O grupo se reuniu na área e, a convite do dono do sítio, acomodaram-se na caminhonete e foram à cidade. Isabela foi no colo de Marta. A garota dava um jeitinho e se aconchegava a ela, instintivamente pedindo proteção.

Estela foi aos quartos, organizou-os, abriu as janelas, deu uma limpada nos banheiros. Ao entrar no quarto dos filhos, viu a boneca numa cadeira. Pegou-a com as roupinhas e a levou para o quarto em que guardavam várias coisas, abriu o armário e, vendo que numa prateleira tinha lugar, a colocou.

"Ficará guardada por uns tempos", determinou.

Foi à cozinha e encontrou Josemar e Silmara conversando, elas falavam das visitas. Estela aproveitou e contou o porquê de eles estarem ali.

— Conheci dona Marta anos atrás, quando Isabela começou a ver um desencarnado, isto é, um espírito; era de um homem que, quando encarnado, morou na casa em que estávamos residindo. Uma vizinha me levou ao centro espírita, e este homem desencarnado foi levado para um socorro, foi ajudado, e Isabela ficou boa, não viu mais este espírito. Percebi, logo que chegamos no sítio, que havia aqui seres do Além desorientados. Lembrei de dona Marta e contei ao titio, que me pediu para convidá-los e rogar por auxílio. Eles vieram e, ontem à noite, nos reunimos no escritório. Elisa e Marcelo são médiuns e, por meio deles, dona Marta conversou com alguns desencarnados que aqui estavam e com alguns que vinham aqui. Eles foram orientados e foram levados para locais próprios, onde receberão a ajuda de que necessitam e não voltarão mais. Esta noite nos reuniremos novamente para orientar os outros. O sítio, a casa e nós ficaremos livres destas manifestações físicas.

— Das assombrações? — perguntou Silmara.

— Sim, eles são desencarnados, estão vivos sem o corpo físico — respondeu Estela.

— Isto é muito bom! — exclamou Silmara.

— Desconfiei — falou Josemar — que alguma coisa estava acontecendo. Simpatizei com as visitas e fiquei curiosa para saber quem eram elas. Gostei de saber que são pessoas espíritas. Espero que dê certo. Penso que já deu, a casa está em paz. O que você acha disto, Silmara?

— Eu?! Espero também que dê certo. A senhora não ficou com medo de escutar os espíritos se comunicando?

— Não fiquei — respondeu Estela. — Nós todos temos problemas, passamos por dificuldades, temos nossas histórias, e os desencarnados também os tem. Temos, todos nós, nos dois planos, de resolver nossos problemas. O que senti ontem, escutando-os, é que eles estavam desorientados, necessitados de auxílio e esclarecimentos.

— Folgamos — informou Josemar — no sábado à tarde, nos domingos e feriados. Como o senhor Epaminondas nos pediu, por ter visitas, não vamos folgar, tiraremos nossa folga outro dia. E, se a situação das assombrações for resolvida, valeu a pena ficar sem folga.

Foram fazer o almoço

Epaminondas saiu com os hóspedes e as crianças, foram à cidade, pararam na praça, desceram e tomaram sorvetes. Conheceram a cidade, voltaram para o sítio, foram ao pasto e passearam pelo local. Voltaram à casa e foram almoçar; depois, descansar. As crianças ficaram por ali esperando-os.

— Você está bem, filha? — perguntou a mãe, que ainda estava preocupada.

— Estou! Muito! Não queria que dona Marta fosse embora.

— Meu bem, dona Marta não pode ficar. Mas não se preocupe, ela vai levar Mimi embora.

— O Coisa Ruim também?

— Sim, aqui não ficará nenhum espírito — afirmou a mãe.

"Tomara mesmo que isso aconteça", pensou Estela.

À tarde, o dono da casa e as visitas foram passear de caminhonete na montanha. O casal ficou conversando na área.

— Você acredita mesmo que tudo se resolverá? — perguntou Mariano.

— Estou confiante — respondeu Estela.

— Quero muito que isto ocorra. Gosto daqui, e não temos, no momento, como alugar e montar uma casa. Meu bem, qual dos quatro você acha que devo pedir o favor de levar para mim o pagamento ao locatário? Vendi bem este mês, ia receber a comissão junto do pagamento. Pedi ao senhor Joaquim um adiantamento, um vale, e ele me deu. Será que Marcelo fará isto por mim?

— Não devemos mais nada ao dono da casa que moramos. Titio mandou o Zé pagar. E ele cobrou mais do que devíamos.

— Tio Bino fez isto? Vou pagá-lo. Mas, tenho somente a quantia que devia.

— Espere as visitas irem embora e aí converse com titio.

Estela foi ajudar Josemar e Silmara a preparar o chá da tarde, o jantar seria uma sopa. Também foi organizar o almoço do outro dia, do domingo.

Epaminondas tinha realmente prazer em mostrar o morro. Foi dirigindo devagar o veículo e explicando as paisagens que viam.

— Daqui dá para ver a nascente; quilômetros adiante, esse filete d'água desagua num rio maior. Aquelas árvores crescerão mais ainda. Vejam que interessante o formato daquela pedra.

— Parece um sapo! — exclamou Felipe. — Foi uma bruxa que transformou um sapo em pedra. Pássaros fazem ninhos nessas árvores. Titio e eu vimos, outro dia, um macaco bem ali.

— Agora teremos de voltar, aqui termina a estrada, existe somente uma trilha para ir ao topo.

— Podemos descer e andar um pouquinho? — pediu Juarez.

— Claro! — concordou Epaminondas.

Desceram da caminhonete e andaram pelas trilhas. Admiraram as plantas, as árvores, os pássaros e uns animais silvestres.

Na sombra da montanha

— Esses animais, embora ariscos, não fogem das pessoas; como não faço mal a eles e não deixo que façam, os bichinhos não sentem medo de nós, humanos — explicou o dono das terras.

Gostaram do passeio, voltaram entusiasmados com o que viram. Quando a caminhonete parou em frente ao jardim, Estela e Mariano foram recebê-los. Marta, Juarez e Epaminondas conversavam animados sobre plantas. Marcelo ficou ao lado do veículo. Isabela e a mãe foram conversar com ele.

— Admirando o jardim? — perguntou Estela.

— Sinto-o diferente — respondeu Marcelo —, parece que antigamente tinha mais árvores. Agora tem mais plantas floridas. A capela...

— Era ali! — mostrou Isabela. — Não tem nem sinal porque foi realmente desmanchando; fizeram, em cima, aquele canteiro de azaleia.

— Como sabe o nome da planta? — perguntou a mãe.

— O Zé que me disse — respondeu a garota.

— Você se lembra da capela? — indagou Marcelo.

— Não! Foi a Mimi que me falou. Quando chegamos aqui, a vi sentada ali na mureta da árvore seca. Ela me chamou e falou: "Que bom que me vê! Seremos amigas! Não fique com medo, sou boazinha. Olhe! Ali, naquele canteiro, havia uma capela; eu ia rezar lá, agora o faço aqui. Deste lado, havia um muro. Este, gostei que derrubaram". Ela afirmou que era boazinha; no começo, até foi. Depois, Mimi queria ser minha mãe, ameaçava-me o tempo todo e me dava cansaço.

Estela apertou a mão da filha.

— Ai, mãe!

A mãe largou a mão da menina, que correu para perto de Marta.

— Meu Deus! — exclamou Marcelo. — Que mediunidade tem essa menina!

— Agora não descuido mais. Vou frequentar o centro espírita, trabalhar com minha mediunidade e levá-la toda semana para tomar passe.

— Faça isso, não a deixe sofrer com as manifestações que podem ocorrer com vocês. Isabela tem mediunidade em potencial.

— Foi algum desencarnado que lhe contou da capela e do muro? — Estela quis saber.

— Não, são lembranças minhas. Tudo explicado pela lei da reencarnação. Não estou entendendo ainda o que está acontecendo comigo. Talvez, no passado, em uma das minhas encarnações, tenha conhecido este lugar, a montanha, o pasto e o espaço do fundo da casa.

— Talvez a reunião de hoje o esclareça — falou Estela.

— Tomara! — exclamou Marcelo esperançoso. — Quem sabe não resolvo o que ficou pendente? Porque sinto isto, que ficou, no passado, alguma coisa que não foi resolvida.

Marta os chamou:

— Observem que lindo! O sol está se escondendo atrás do morro!

— Montanha! — corrigiu Felipe.

— Ah, sim! Da montanha! — exclamou Juarez.

Todos admiraram a beleza do momento. O sol, devagar, sem pressa, descia no horizonte e se escondia atrás do morro sombreando a casa, o local. Era de fato um espetáculo muito bonito.

Como Elisa e José Elídio não voltaram para o almoço, eles concluíram que estava dando certo o encontro.

Quando viram o carro chegando, aguardaram ansiosos. Elisa desceu, correu para Marta e a abraçou.

— Acho que deu certo! Deus me deu uma filha!

Vendo todos atentos, contou:

— Chegamos à vila e fomos à casa de Dirce, a mãe das crianças. Ela não está bem, sente muitas dores e se esforça para não gemer. Conheci as crianças, são lindas. Os meninos vão mesmo ficar com duas famílias da vila; são dois irmãos que têm somente filhas. Os garotos têm ficado muito com estas famílias e gostam deles. Não tinha ninguém ainda interessado na menina. Ela se chama Juliana; será, se Deus quiser, a minha Juju. Ela é tão meiga, parece um pouco comigo. Simpatizamos uma com a outra assim que nos vimos. Ela foi para o meu colo e ficou quietinha, aconchegada no meu peito. Depois do almoço, fiquei a sós com Dirce e conversamos. Disse a ela da minha vontade de ser mãe, que podia confiar em mim, que seria boa para Juliana, a educaria e lhe daria amor. Sabem o que Dirce me respondeu? Foi maravilhoso o que escutei.

Elisa fez uma pausa, todos estavam curiosos; ela suspirou e continuou contando:

— A mãezinha enferma falou: "Sonhei, há duas noites, com Sílvio, meu marido, que me disse: 'Dirce, nossos filhos ficarão bem. Deus está nos dando a graça de deixá-los encaminhados. Nossa menina terá uma mãe, uma verdadeira mãe. Podemos nos despreocupar. Esta senhora está chegando. Por laços afetivos, Juliana se parece com ela. Você, ao vê-la, entenderá e poderá dar nossa filha a esta moça'". Dirce estava ofegante, não tem forças para se levantar da cama. Abracei-a. Nós duas choramos por minutos, emocionadas. Eu prometi: "Por Deus, vou cuidar de sua filha!". "Nossa filha!", exclamou Dirce. Planejei rápido o que queria fazer. Saí da casa, fui a um orelhão, liguei para o meu trabalho e pedi para sair de férias, tenho uma vencida. Combinei de sair na quarta-feira. Depois, liguei para meu irmão, contei a ele o que acontecia, e ele se propôs a me trazer na quarta-feira e me buscar no domingo. Vou ficar numa pousada na vila. Quero, nesses dias, que Juliana se acostume comigo, goste de mim, porque eu já a amo. Dirce assinará um documento que um advogado fará me dando a tutela da menina. No domingo, iremos para casa. Segunda e terça-feira desta semana vou organizar meu lar para recebê-la. Tenho dinheiro guardado e vou usá-lo para comprar cama, brinquedos e muitas roupas para alegrá-la. Moro sozinha, minha casa é ao lado da de minha mãe. Se estou triste por ver o sofrimento de Dirce, estou contente por ser mãe, ter uma filhinha.

    Todos se alegraram e desejaram que tudo desse certo.

    — Vamos tomar banho para jantar — determinou Juarez.

    Estela ajudou os filhos a se banharem e, após, reuniu-se com os outros na sala de estar. Felipe foi ver televisão, e os adultos conversaram sobre a cidade e as plantas. A esposa de Mariano fechou as janelas dos quartos. Escurecia, a noite sem lua proporcionava mais um espetáculo, o céu estava salpicado de estrelas. O grupo, antes de ir para a sala de refeições, foi à área para admirar a beleza noturna.

— Vamos ao jardim para ver melhor o céu — convidou o dono da casa.

Por minutos, ficaram calados, admirando as estrelas.

— Cada estrela é um sol! — exclamou Juarez. — Que deve ter planetas em sua órbita. Há muitas moradas na casa do Pai! Muitos mundos habitados, como nos esclareceu Allan Kardec. Tudo o que Deus faz é maravilhoso!

Todos concordaram. O grupo ia se dirigir à área para entrar na casa quando escutaram um barulho de objetos caindo.

— Meu Deus! — exclamou Estela. — O que é isso?

"Serão as assombrações novamente? Os desencarnados?", pensou Epaminondas.

— Vamos ver o que aconteceu. O barulho veio da sala de jantar — Marta estava tranquila.

Entrou na casa e se dirigiu à sala de refeições, o grupo veio atrás. Encontraram Josemar de joelhos catando cacos no chão. A empregada, ao vê-los, explicou:

— Deixei cair a bandeja com os copos. Quebraram cinco.

— Não faz mal! — Epaminondas suspirou aliviado.

— Pensei que fosse o Coisa Ruim — falou Isabela.

— Não, meu bem, não foi — afirmou Marta. — Não chame mais esse desencarnado dessa forma. Não vamos nem mais falar dele. Como viu, o barulho que ouvimos teve explicação.

— Josemar escorregou e deixou cair a bandeja — Isabela riu.

— Muitos barulhos têm explicações — comentou Juarez. — Uma vez, era solteiro, fui a uma festa e cheguei de madrugada em casa. Para guardar o carro, tinha de passar pelo quintal da residência. Estava alegre, a festa tinha sido agradável; de repente, vi uma sombra na parede da casa, algo muito estranho. Parei, senti-me gelar. A sombra movia-se, parecia o abrir e fechar de asas enormes. Pedi socorro a Deus e tentei rezar, mas não consegui sair do lugar. Virei a cabeça devagarinho e vi, em cima do muro, um galo que fugira do galinheiro. Ele abria e fechava as asas. Uma luz do quintal do vizinho estava acesa e iluminava a ave, fazendo com que sua sombra fosse projetada na parede. Fiquei aliviado e fui dormir. Conclusão: manifestações físicas existem, mas, antes de julgar o que são, devemos verificar e, sem medo, o porquê do barulho, das visões que temos. Muitas vezes eles têm explicação, como um galo no muro, uma bandeja que caiu... E as manifestações físicas que ocorreram aqui, com certeza, não irão ocorrer mais. Ajudando os desencarnados, resolveremos a questão.

— Tudo simples! — exclamou Marcelo.

— Vamos jantar — convidou o dono da casa.

Jantaram. Marcelo se esforçava para parecer tranquilo, mas estava inquieto; Marta olhava para ele e sorria, tentando tranquilizá-lo. Depois do jantar, ficaram um pouquinho na sala de televisão. Estela ajudou Josemar.

— Vamos deixar a mesa preparada para o chá — determinou Estela.

Voltou à sala, o grupo se levantou e se despediram de Mariano e das crianças.

— Mariano — pediu sua esposa, — feche as portas da área da frente e a do fundo para mim.

A mãe beijou os filhos, e os seis se dirigiram ao escritório.

12
Os antigos proprietários da casa

Acomodaram-se como na noite anterior. Marcelo abriu o *Evangelho segundo o espiritismo* e leu do capítulo 8, "Bem aventurados os puros de coração", itens 20 e 21, "Bem aventurados aqueles que têm os olhos fechados" (Vianney, Cura de Ars-Paris, 1863).

O texto que chamou a atenção de Estela foi: "Meu pai, curai-me, mas fazei com que minha alma doente seja curada antes das enfermidades do meu corpo". Mas o que ela achou muito apropriado, naquele momento, para os envolvidos, foi: "Quando uma aflição não é consequência dos atos da vida presente, é preciso procurar a sua causa em uma anterior. O que chamamos..."

Quando Marcelo terminou a leitura, fez a oração.

— Deus, permita que os bons espíritos estejam conosco nesta reunião e que possamos ajudar os desencarnados que aqui estão e que eles recebam nosso carinho e orientação.

Apagaram a luz e ficou somente um abajur acesso. Ficaram em silêncio, até que Marcelo falou, repetindo o que um espírito falava.[1]

— *Não sei de nada! Não fiz nada!* — exclamou a desencarnada. — *Por que estou aqui? Vejo, nesta sala, uns como eu, vivos sem o corpo de carne e ossos, e outros como eu fui. Minha filha me disse, assim que acordei e vi estes estranhos na casa: "Mãe, como certeza, eles irão nos levar ao escritório, e basta a senhora ficar perto de uma pessoa, que eles chamam de 'encarnado', e eles se referem a nós como 'desencarnados', para falar e um deles repetir. É um fenômeno muito interessante." Não acreditei, e nós três viemos para cá. Vejo o velho, isto é, o atual proprietário deste lugar com a sobrinha e as visitas. De fato, me colocaram perto deste moço, parece que o conheço, eu falo e ele repete como um bobo. Vocês podem me explicar o que está acontecendo aqui?*

— Existem — respondeu Marta — pessoas que têm mais sensibilidade, nós as chamamos de médiuns, são pessoas que conseguem ver, ouvir aqueles que já fizeram suas passagens de plano, que são vocês. Eles aprenderam e pas-

---

[1] N. A. E.: Como é importante fazer parte de uma reunião assim! Médiuns encarnados aprendem muito com estas reuniões, e o maior tesouro que se adquire é que, ao desencarnar, percebem de imediato o que lhes ocorreu. Por terem feito amigos, estes o socorrem. Fazer esta mudança de plano com conhecimento é para os que fizeram jus, por merecer. Os médiuns que participam desta orientação, orientados estão. Para os desencarnados que vagam, que estão perturbados, receber o socorro de que necessitam é de suma importância. Que caridade é feita a estes espíritos! Realmente, é um trabalho de muita benevolência.

saram a fazer parte destas comunicações para ajudar os desencarnados a receber orientações.

— Acho que não entendi. Parece complicado. O que importa é que falo e todos escutam. Mas por que estou aqui?

— Você não está cansada de viver assim? Não deseja viver de modo diferente? — perguntou Marta.

— Existe outra forma de viver? Como? Já me desiludi com a morte. Meu corpo físico morreu e demorei para entender. Fiquei aqui e continuei vivendo. Como ir para outro local? Não vi Deus na hora da morte, não fui para o céu nem para o inferno.

— Podemos ir para muitos lugares quando mudamos de plano, uns são feios e outros, muito bonitos. O bom é aprender a viver no plano espiritual, como esses desencarnados que está vendo aqui conosco.

— É verdade que nascemos muitas vezes? Estou curiosa para saber se isto é verdade — falou a desencarnada através da psicofonia.

— Sim, é — respondeu a orientadora. — Você agora está como desencarnada, poderá voltar a um outro corpo físico, esquecer de tudo e recomeçar.

— Serei outra pessoa? Posso ser homem?

— Sim, você pode pedir, e isto poderá ocorrer.

— Isso é bom! — exclamou o espírito que estava sendo orientado. — Quero fazer isso! Esquecer será maravilhoso! Minha vida, desta vez, não foi fácil. Tenho notado que muitas coisas mudaram. Ser mulher antigamente era sofrido. Hoje a vida delas está melhor. Fui criada com muita severidade. Meu pai e meu sogro combinaram meu casamento. Não gostei do noivo nem ele de mim. Meu marido me disse que eu era feia e o achei grosseirão. Não foi um *casamento fácil. Tivemos filhos, sempre fui tratada como um objeto que não podia ter opinião. Meu esposo, aquele ali, está me ouvindo e, se fosse possível, ao me escutar falando isto, já teria me batido.*

— Você sempre foi vítima? — perguntou Marta.

— Certamente sim. Por que duvida? O que sabe?

— Se você não tivesse feito nada de errado e perdoado, não estaria vivendo como está. Teria, ao ter desencarnado, sido auxiliada e não estaria aqui vagando.

— Não sei sair daqui; depois, ele não quer que eu me afaste. Creio que não tenho para onde ir. Do meu modo e como posso, cuido deles, do esposo e da filha. Meus filhos homens, assim que ficaram adultos, se mudaram, não vieram mais aqui, não gostavam do lugar. Eu gostava dos meninos; depois que eles foram ingratos, não liguei mais para eles. Meus filhos também desencarnaram, um deles veio aqui, conversou conosco, mais comigo, tentou me levar daqui. Não quis ir com ele. Como poderia ir para um lugar que não conheço e deixar os dois aqui? Minha filha me acusa de muitas coisas, diz que não a defendi. Mas como poderia defendê-la se não conseguia nem me defender? Ela não via as surras que levava e sem motivo. Imagina se tivesse motivo.

— Você não sente remorso? Não fez nada que sua consciência a acuse?

— Sentir, sinto. Mas o que importa se sinto ou não remorso? Sou uma coitada! — a desencarnada respondeu com tom de lamento.

— Você se lembra da moça que trabalhava como empregada na sua casa e que foi acusada de ter roubado uma de suas joias? O que você fez por ela?

— Não quero falar desse assunto.

— Se não contar, falo eu.²

— *Eles não sabem!* — exclamou a senhora pela psicofonia, referindo-se ao marido e à filha, que estavam presentes, tendo, ao lado, trabalhadores da equipe.

— Acredito, senhora — disse Marta —, que já é tempo de não ter mais segredos, de se livrar da culpa, de pedir perdão, perdoar e se libertar. Vocês três, depois desta noite, se separarão, serão bem tratados, cuidados em locais próprios para desencarnados, mas distantes uns dos outros.

— *Você me garante que ele não irá mais me bater?* — a desencarnada sentia medo.

— Garanto, ele não irá maltratá-la.

— *Tive de me defender. Ele sempre teve amantes, mas nunca dentro de casa. Percebi seu interesse pela moça, sentia que ela ia acabar cedendo. Mandei Juquinha esconder meu colar na casa desta empregada. Acusei-a. Pensei que meu marido ia somente expulsá-los. Juquinha era uma menina deficiente mental que ficava na casa e fazia alguns serviços. Pare! Não a deixe falar* — A comunicante se referia à filha, que se intrometeu no relato. — *Está bem, conto! Eu batia muito em Juquinha. Ela não entendia minhas ordens,*

---

2. N. A. E.: Marta doutrinava, tentava elucidar os desencarnados necessitados de auxílio. O orientador espiritual do grupo a instruía. Normalmente, antes da reunião, a equipe de trabalhadores do plano espiritual organiza quem irá receber, por uma incorporação, o esclarecimento de que precisa. Servidores do bem, ao vê-los, sabem o que está ocorrendo com os necessitados, o que lhes aflige e o que desejam. Em alguns casos, para melhor ajudar, um membro da equipe procura saber quem é e o que fez. Para esta reunião, um socorro diferenciado, no qual as equipes dos dois planos vieram ao sítio com o intuito de socorrer os envolvidos, procuraram saber o porquê destes desencarnados estarem ali e o que fizeram para estar vagando.

e isto me enervava. Penso agora que descontava nela minha raiva, eu apanhava, e eles tinham também de ser castigados. Batia em Juquinha, em algumas das empregadas e também nos filhos. Não fui boa mãe, surrava os meninos por qualquer motivo e não os defendia do pai. Nesta filha, a única mulher que tive, batia pouco. Porém, lhe fiz uma grande maldade. Sempre neguei, mas fui eu quem contou ao seu pai que ia fugir com o namorado. Não queria que se casasse com um simples agricultor. Queria um marido rico para ela. Não se intrometa! Por que não fica como seu pai, calada?!

— Novamente se referiu à filha. — *Você me perguntou o que fiz de errado? A não ser isto, só uns abortos. Sofria muito nos partos. Já tinha três filhos homens e depois tive uma menina, essa aí, feia como o pai.*

— Com certeza, fez também atos bondosos, não é? — perguntou Marta.

— *Como?!*

— Deu esmolas, ajudou pessoas, aconselhou?

— *Devo ter feito, não me lembro. Pare de se intrometer, filha! Está bem, respondo: não fiz.*

Mimi teve de ser repreendida. Marta lhe pediu:

— Por favor, a senhorita fique calada. Terá oportunidade de falar. — A doutrinadora voltou a se dirigir à comunicante: — Senhora, quando temos a oportunidade de fazer o bem e não fazemos, deixamos de fazer a nós mesmos. Com certeza, poderia ter convivido melhor com seu marido e com sua família. Poderia ter sido amiga de seus filhos, e eles a amariam. Deveria ter sido boa patroa, ajudado os que sofriam. Porém, o passado passou, é o presente que importa.

Estamos lhe oferecendo ajuda para ir embora daqui e recomeçar, aprender a viver com dignidade.

— *Reencarnarei? Quero recomeçar voltando ao corpo de carne. Por favor!* — pediu a desencarnada que estava sendo orientada.

— Isto ocorrerá. Acontece com todos nós.

— *Vou pedir para nascer num corpo masculino. Serei homem!*

— Quer ir embora conosco?

— *Quero!* — a orientada suspirou.

— Então diga "adeus" a eles porque irá agora.

— *Adeus! Perdoe-me, filha! Vou com eles, não volto mais, e talvez não mais nos veremos.*

Marcelo calou-se. A desencarnada que fora orientada foi levada para um posto de socorro. O orientador espiritual da equipe decidiu que eles, por um período, não se encontrariam, seriam levados para locais diferentes. Aproximaram o ex-proprietário do local a Elisa.

— Boa noite! — cumprimentou Marta.

— *Boa noite!* — Perguntou: — *Sou obrigado a participar deste espetáculo grosseiro? Sei que morri! Gosto de assustar. Para mim, está tudo bem.*

— Não — respondeu Marta —, não é obrigado a nada. Tem seu livre-arbítrio. Faz o que quer e pode receber o que não quer. Todos nós temos deveres e direitos. Porém, nossos direitos não podem invadir o direito alheio. Você foi administrador destas terras no período que viveu encarnado. Seu corpo físico faleceu, você continuou vivo, e somente o acompanharam nesta mudança, seus atos. O que é matéria mudou de administrador.

— Vi, com desgosto, meus filhos dividirem a fazenda e vendê-la aos pedaços. Ingratos! Você errou, não fui administrador, mas dono!

— Nosso é somente aquilo que podemos levar quando mudamos de plano, nossos atos, nossas ações; se boas, receberemos o bem; se não forem, teremos a dor por aprendizado.

— Desencarnei e fui levado para um local muito feio e ruim. Uns espíritos ignorantes me batiam e me humilhavam. Um dia tudo mudou, não os vi mais e fugi; vim, sem entender, para esta casa. O Fantasma da Lua Cheia diz que foi ele quem me trouxe para cá. Este lugar foi meu e continuarei aqui. Era melhor quando não morava ninguém. Teve moradores que tive de expulsar. Aprendi a assombrar, a fazer os barulhos e a jogar objetos. Um espírito me ensinou. Pego energia da natureza, fluido de encarnados, daqueles que têm em abundância, e, pela minha vontade, faço. Divirto-me bastante. Quando vim para cá, encontrei minha mulher e minha filha, ambas chatas e sem graça, e que, como eu, tinham falecido. Você não vai interferir! Cale a boca! — Mimi tinha interferido e pediram para que ficasse calada. — Elas tinham desencarnado, como vocês falam, e ficamos aqui. Tem o incômodo do meu ex-empregado vir me bater todos os meses. Mas fazer o quê? Ele é mais forte. Não quero voltar para aquele lugar feio, o Umbral. Não tenho como me esconder dele, o sujeito me encontra. Depois, não posso deixar que as duas, esposa e filha, sejam chicoteadas no meu lugar. Dói, mas passa logo. Tenho esperança de que ele se canse.

— O senhor não está cansado dessa sua maneira de viver? — perguntou Marta.

— Não. Conheci lugares ruins. Aqui não está bom, mas poderia ser pior.

— Não quer conhecer lugares melhores?

— *Melhor para quem?* — o desencarnado riu. — *O que é bom para você com certeza não é para mim. Não gosto de lugares onde se fica somente orando. Acho monótono falar de Jesus. Detesto receber ordens.*

— Penso que divergimos. Não gosto de ser surrada, de não ter ninguém para me amar e com quem contar. Também não aprecio atormentar. No lugar que estou lhe propondo conhecer, fala-se, sim, de Jesus, de seus ensinamentos, mas em horas marcadas; estuda-se o Evangelho, mas trabalha-se; aprende-se muitas coisas; são locais limpos; têm disciplina para ter ordem. Não sentirá mais dores, e a esperança fará você acreditar em dias melhores.

— *Poderei também reencarnar? Esta ideia me atrai, viver no corpo carnal é muito agradável.*

— Poderá fazer o pedido — respondeu Marta.

— *Já ouvi que todos temos direito de reencarnar e serei atendido. Estou agora com vontade de assustá-los, estão tão tranquilos! Com certeza se surpreenderiam escutando minha vida. Não querem saber o que fiz?*

— Quer contar? Se quiser, podemos ouvi-lo, mas não nos assustaremos — respondeu Marta.

— *Podem ter certeza de que não escutarão coisas boas* — o comunicante riu novamente. — *Meu pai era muito severo. Gostava de uma moça e fui obrigado a casar com outra. Não fui feliz. Trabalhei muito, foi uma das minhas qualidades. Tive mesmo muitas amantes.*

— Se não quiser, não precisa contar — interferiu Marta.

— *Agora estou com vontade de falar e vou fazê-lo. Fiz muitas coisas e recebi boa parte delas de volta. Fiquei revoltado pelo meu pai ter feito meu casamento e, ainda mais, ao saber que minha amada se casara e fora residir longe daqui. Papai ficou doente, confiou a mim barras de ouro e prata e me pediu que, quando morresse, repartisse esta fortuna com meus irmãos. Como ele estava demorando para morrer, troquei seus remédios por água. Ele desencarnou com muito sofrimento. Fiquei com as barras para mim e tentei ficar com as melhores terras. Depois de muitas brigas, dividimos as fazendas, deixando minha mãe sem nada. Nunca mais conversei com meus irmãos e vi minha mãe somente por duas vezes depois deste desentendimento. Ela foi morar com uma de minhas irmãs, as mulheres foram as mais prejudicadas na partilha. Houve brigas também pela herança de minha mulher. Ameacei, briguei, e ela recebeu a herança de seu pai. Fiquei rico, tivemos quatro filhos: três homens e aquela ali* — mostrou onde Mimi estava. — *Meu filho mais velho não acatava minhas ordens, recusou-se a casar com a filha de um conhecido. Saiu de casa, foi para uma cidade longe, penso que escreveu para os dois irmãos pedindo para eles irem para a cidade ficar com ele. O segundo filho me roubou, pegou todo o meu ouro, prata, joias da mãe, dinheiro que tinha guardado em casa, e fugiram. Não fui atrás deles por dois motivos. Não queria que as pessoas, parentes e conhecidos, soubessem que meus filhos me roubaram, haveria muitos comentários e seria ridicularizado. Depois, não sabia onde estavam. Eles não deram notícias. Morri e depois a filha, ficando somente minha mulher na casa. Um dos meus filhos veio aqui para saber se a mãe precisava de alguma coisa. Ela o tratou mal, e ele foi embora. Anos depois, voltou desencarnado, e não o aceitamos, enxotei-o. Sei que eles se deram bem, com o que me roubaram abriram um armazém de cereais, casaram e tiveram filhos. Meus filhos queixavam-se muito da mãe, que lhes batia e os castigava. Não gostavam de mim nem dela. Não sabia que as duas, esposa e filha, maltratavam Juquinha, a Maria José. Ela era minha filha!*

O desencarnado comunicante fez uma pausa e voltou a falar:

— *Não vou mais olhar para essa mulher, minha filha faz cara de espanto. Não sei por que me chama de Coisa Ruim. Quanto a Juquinha, aconteceu que tive um envolvimento com uma empregada. Penso que gostei dela, do meu jeito. Ela engravidou e, a meu mando, disse a todos que o pai era um empregado da fazenda vizinha que sumira. Todos pensaram que fui caridoso deixando a empregada e a filha trabalhando na casa. A menina nasceu deficiente. A mãe morreu, e Juquinha ficou conosco. Cuidei dela, não permiti que ninguém abusasse sexualmente da menina, ela tinha um quarto, alimentos e roupas. Não sabia que era maltratada. Minha mulher nem imaginava que aquele ser feio era minha filha; se soubesse, coitada dela. Encarnado, não conseguia entender o porquê de Juquinha ter nascido órfã e doente. Agora volto a me perguntar: Por que ela foi tão maltratada?*

— Deus é justo, e tudo o que faz é perfeito — Marta tentou esclarecê-lo. — Quando não conseguimos explicar o porquê do sofrimento nesta existência, podemos compreender que foi uma reação do passado, de uma outra encarnação.

— *Fez e paga?* — perguntou o desencarnado através da médium Elisa.

— Sim.

— *Xi! Minha mulher quer reencarnar para esquecer e certamente o fará, porque, pelo que escutei, todos voltam a fazê-lo. Se fez, paga, ela, com certeza, sofrerá as consequências de suas maldades. Eu também! Pensando melhor, a reencarnação já não me atrai. Juquinha certamente sofreu o que fez anteriormente outros sofrerem. Estou me lembrando que ela me lembrava minha avó paterna, que era muito enérgica com as escravas da casa. Na época não entendia o porquê de lembrar de vovó algumas vezes em que via Juquinha. Talvez as duas sejam um mesmo espírito.*

— Pode ser que sua avó tenha reencarnado e recebido o nome de Maria José.

— *Pagou o que fez!* — exclamou o desencarnado.

— Aprendeu pela dor a respeitar as pessoas. O sofrimento ensina; a quem não aprende pelo amor, fazendo o bem, a dor tenta alertar para ser melhor. Juquinha certamente teve uma existência difícil, desencarnou e foi socorrida, porque não ficou vagando e, para ter sido auxiliada, não guardou mágoa e perdoou.

— *Estou curioso para entender um fato. Juquinha colocou a joia na casa da empregada. Ela errou?*

— Como deficiente, não conseguia entender que aquele ato estava errado. Obedecia por medo. Se não fizesse, era surrada.

— *Ela também não fez o bem. Acho que não fez nenhuma caridade. Por que foi socorrida?*

— Você pensa que a caridade é somente dar objetos materiais? — perguntou Marta.

— *Penso, sim. Juquinha não fez, não tinha nada a dar a alguém. Não tinha nem para ela.*

— Com certeza — falou Marta, orientada pelo mentor do grupo — essa garota teve uma reencarnação de resgate e deve ter aprendido muito pela dor. Não se queixava e perdoou. Perdoando, fez bem a si mesma e àqueles que a maltrataram. Fez caridade, sim, amou a todos da casa. Sei, por informação, que foi castigada muitas vezes no lugar de outras empregadas. Em algumas, foi acusada injustamente, mas não delatou; em outras, assumiu a culpa para que uma grávida não fosse dispensada ou a mais idosa. Juquinha consolou companheiras quando estavam tristes. Atualmente, este espírito está reencarnado numa família estruturada, estuda, é bonita e muito religiosa. Você, sabendo disto, entenderá que, mesmo em situação adversa, podemos ser caridosos e recebemos, por atos bons, o retorno. Você fez o bem?

— *Até alguns minutos atrás, julgava que sim* — respondeu o desencarnado. — *Pensava que agira corretamente por não ter ido atrás dos filhos ladrões. Estou pensando agora que, assim como roubei do meu pai, meus filhos me roubaram. Impedi esta filha aí de cometer um erro, agora não sei se era ou não um erro. Achava-me generoso por não ter expulsado minha mulher de casa ou por não tê-la matado, esquecendo-me de que ela também casara obrigada. Fiz algumas caridades, dei água a viajantes, alguns alimentos. Paguei missas na igreja e dei esmolas ao padre.*

— Tem suas mãos sujas de sangue — falou Marta.

— *Isto é triste! Por mais que tente limpá-las, vejo-as manchadas de sangue. Brigava muito com os vizinhos, outros fazendeiros. Uma vez tive um desentendimento mais sério com um deles. Este homem prometeu me matar. Por uns tempos, fiquei mais dentro de casa e contratei mais jagunços. Seria ele ou eu. Planejei uma emboscada, sabia que este inimigo ia sempre visitar uma amante, e meus homens o mataram. Foi ele com dois de seus filhos que me levaram para o Umbral quando desencarnei. Fui castigado por este crime. Vou embora! Cansei desta conversa. Não consigo mentir com este espírito me olhando. Hum! Hum! Por que não consigo sair daqui? Não consigo me mover!*

— Estamos conversando, e nossa conversa não acabou. Você errou, mas não estamos aqui para julgá-lo, mas, sim, para lhe dizer que é amado por Deus, que quer seu arrependimento. Aqui viemos para ajudar: primeiramente, a família encarnada; depois, vocês, os desencarnados. Afirmo que nem você nem nenhum desencarnado poderá permanecer mais aqui neste sítio. Mude sua forma de viver, aceite nosso auxílio, o levaremos para um local do qual gostará e aprenderá a ser útil. Depois de um tempo, se quiser, poderá pedir para reencarnar.

— *Voltar a viver num corpo de carne? Pensei que queria, mas agora estou com medo de receber o retorno de meus atos, talvez tenha um corpo pior do que o da Juquinha.*

— Esta casa — elucidou a doutrinadora — não será mais a mesma, a família modificará as energias deste lugar fazendo o Evangelho no lar e orando. Frequentarão o centro espírita e, se você voltar aqui, receberá orientação novamente num trabalho de socorro. Depois, se voltar, não encontrará mais os desencarnados que ficavam aqui, porque todos irão embora. Quanto mais tempo demorar para se melhorar, mais sofrerá.

— *E se não gostar de viver nesse local para onde vocês vão me levar?*

— Estará lá como convidado, poderá sair se quiser; porém, não poderá ficar mais aqui.

— *Tenho escolha?* — perguntou o antigo proprietário da casa.

— De ficar aqui, não! Venha conosco, gostará do lugar.

— *Estou mesmo cansado desta conversa. Vou conhecer esse local, depois decidirei o que farei! Não falo mais! Adeus!*

De fato, não falou, não respondeu ao cumprimento de boa-noite. Adormeceram-no novamente, e ele foi levado da casa, do sítio.

Elisa, que, através de sua mediunidade, dera a comunicação, sorriu, demonstrando estar bem. Mas Marcelo suspirou.

— Você está bem, Marcelo? — perguntou Marta.

— Sim, estou — respondeu o médium.

Por segundos, o escritório ficou silencioso.

13
Mimi

E lisa começou a falar novamente, ela repetia o que uma desencarnada falava:

— Sou Mimi! Estou decepcionada! Muito triste! Ouvi muitos absurdos! Coisas horrorosas que uma moça não deve escutar! Mas por que não falo por ele? Esta mulher falou pelo meu pai. Impressionante! Foi fiel na repetição, só não repetiu os nomes feios que ele disse. Papai me xingou e a vocês. Acho que vou chorar...

— Não chore — pediu Marta —, aproveite para falar de você, queremos auxiliá-la.

— Que auxílio é este? Estou achando que estou recebendo uma maldade. A verdade às vezes dói. Penso que seria melhor continuar desconhecendo certas coisas. Vocês fizeram isto de propósito, deixaram que escutasse a todos, para me castigar. Ouvi fatos que não queria e me decepcionei. Estou sofrendo com estas decepções, como é triste ser enganada! Começou com a moça que acompanhava o empregado, pensei que éramos amigas, ela não gostava de mim e mentiu. Agora percebo, por ser ingênua, acreditei no que quis. Pensava que o aborto dela fora espontâneo, que ela escondera *a gravidez por vergonha por ser solteira. Raciocinando agora, se isto tivesse ocorrido, com certeza essa moça não ficaria como ficou, vagando por aí... Teve amante, um homem casado! Que absurdo! Não sabia quem era o pai do filho que esperava! Ajudei uma pessoa vulgar!*

Mimi fez uma pausa, suspirou e continuou seu relato:

— Minha mãe! Com esta, não me decepcionei muito. Nunca foi carinhosa, surrava muito meus irmãos, também apanhei, mas foi menos. Ela batia em algumas empregadas que, por não terem para onde ir, recebiam o castigo caladas. Não gostava de meus pais, não tive motivos para amá-los. Mamãe era rancorosa, amargurada, pessimista, ria da dor do próximo. Não a amo e não fui amada. Meu pai, de fato, é o Coisa Ruim. Como foi mau! O que sabia da história do casal de empregados era que ela roubara e que foram expulsos da fazenda. Não sabia que papai os chicoteara nem que ela morrera por ter sido castigada. Sabendo o que aconteceu, esse ex-empregado teve motivos para vir aqui e bater nele.

— Ninguém — interferiu Marta — tem motivos para se vingar. Você não escutou que esse empregado recordou que fizera algo parecido na outra vida dele? O que este homem deveria ter feito era perdoar, como sua esposa perdoou, e cuidar de sua vida.

— Esse negócio de reencarnação é fogo! Faz e recebe! Que coisa! Não podemos ser perdoados?

— Sim, somos sempre perdoados quando pedimos perdão. Porém, a ação está feita e necessita de reparação. A dor não castiga, ela tenta educar-nos, tenta nos ensinar a ser melhores.

— Se roubo, serei roubada. É isto? — perguntou Mimi.

— Se cometo alguma ação indevida, o certo é compreender que meu ato foi errado, arrepender-me, pedir desculpas, porém fica faltando a reparação. Oportunidades surgem para que se repare pelo amor; se recusadas, a dor vem ensinar para não repetir a ação maldosa. Muitas vezes cometemos atos maldosos e ficamos indiferentes à dor que causamos, mas, quando sentimos a mesma dor, temos a oportunidade de entender que não devemos mais provocá-la. Entendeu?

— *Como Juquinha?* — perguntou a desencarnada através da mediunidade de Elisa. — *Ela teve uma vida difícil. Sofreu, muitas vezes a vi chorando, principalmente quando apanhava. Pelo que entendi, ela desencarnou, foi socorrida e perdoou. Juquinha sofreu o que fez alguém sofrer. Será que aprendeu a lição?*

— Somente — elucidou Marta — podemos dizer que aprendemos a lição quando temos oportunidade de cometer o mesmo ato errado e não o fazemos. Sim, o que soubemos de Juquinha foi que ela resgatou seus erros, aprendeu para não repeti-los, provou que é capaz de perdoar. Fez muitas coisas boas no período que esteve no plano espiritual; no momento, está reencarnada, é inteligente e boa pessoa.

— *Se eu me encontrar com ela, vou pedir perdão. Era minha irmã. Ainda bem que mamãe não soube, porque, se soubesse, a coitadinha teria sofrido muito mais. Estou com medo de reencarnar.*

— Você não tem atos bons para recordar?

— *Não sei. Pensei que ajudava a moça que acompanhava o empregado e, pelo visto, não agi certo. Ela estava se prejudicando e também o Zé. Desencarnei e fiquei aqui na casa, mamãe também. Desconfiei somente tempos depois que meu corpo de carne tinha morrido. Contei à minha mãe a minha desconfiança. Ela, no começo, não aceitou, mas acabou por entender. Papai chegou aqui muito ferido, tinha sofrido muito num lugar horrível. Mamãe cuidou dele, o fez por medo. Certa vez, passou por aqui um desencarnado conhecido do papai, que nos ensinou a fazer barulhos, jogar coisas etc. Meu pai foi o que mais se interessou em aprender. Ficamos nós três aqui na casa, na antiga fazenda, agora sítio ou chácara. Não gostávamos uns dos outros, tínhamos que nos tolerar por não ter para onde ir, temíamos sair daqui e parar no lugar terrível que papai ficou por uns tempos. Foi numa noite de lua cheia que aquele desencarnado veio aqui e chicoteou o Coisa Ruim. Quando isto ocorria, mamãe e eu nos escondíamos e, depois do castigo, minha mãe cuidava dele. Os períodos melhores aqui foram quando não morava ninguém na casa. Quando pessoas compravam o sítio e vinham residir na nossa moradia, começávamos a perturbar. Gostei somente quando um casal veio morar aqui com aquela menina linda, quis ser a mãe dela. A garotinha me via, conversava comigo. O casal não gostou, a menina ficou doente, e eles se mudaram com minha filhinha. Sofri muito. Não quis ir junto, fiquei com medo de sair daqui. Sou avessa ao desconhecido.*

— Você sugava energia desta menina, fazendo-a adoecer, como faz com Isabela.

— *Não prejudico minhas filhas!* — Mimi se indignou.

— Elas não são suas, têm mães e pais.

— *Nunca ouviu falar em "adoção"?* — perguntou a desencarnada.

— Não é o caso, não moram no mesmo plano. As meninas têm famílias estruturadas e mães que as amam. Você, perto delas, suga energias, as deixando cansadas, enfraquecidas. Isto é ruim.

— Não devo ter feito isso! Será que é por isso que, ficando perto delas, sentia-me mais disposta? Se for verdade, é outra coisa que achei que era certa e não era. Você me perguntou se eu fiz algo de bom. Rezei muito. Não dei esmolas porque não tive nada de meu. Papai morreu, mamãe tomou conta de tudo, não foi fácil, os empregados nos roubavam. Mamãe me criticava, dizia que não servia para nada e que só sabia chorar. Não me alimentava direito. Fiquei doente, tive pneumonia e morri; "desencarnei", como vocês falam. Mamãe ficou sozinha, não quis saber dos filhos, e, quando ela veio para o Além, os três vieram, dividiram a fazenda, pegaram tudo o que havia de valor na casa e venderam as terras. Foi muito doloroso ver meus irmãos se desfazerem de tudo. Deram nossas roupas e riram dos objetos velhos, mas que gostávamos. Concordo com vocês quando afirmaram que nada material é nosso. Objetos que gostamos mudam de dono. Foi triste vê-los se desfazerem de tudo. Fiquei magoada com eles, agora entendo-os, eles tinham de fazer aquilo. Somente o que era meu mesmo me acompanhou, os meus sentimentos, e vim muito pobre para este lado.

— Você era solteira? — perguntou Marta.

— Sim, não me casei com quem quis, então não me casei com ninguém. Papai até tentou me arrumar marido, mas me recusei, espantava os noivos, os punha para correr.

— Pelo que foi contado aqui, todos temiam seu pai quando encarnado, até você. Por que ele, desencarnado, a obedecia? — perguntou a doutrinadora.

— Culpava-o por ter sido infeliz e penso que ele sentia um pouquinho de remorso por isto. Quando meu pai chegou aqui, depois de ter estado no Umbral, estava fragilizado, e impus condições para deixá-lo ficar, tinha de seguir algumas normas, que eram sobre não *abusar para poder usar, ou seja, ficar aqui. Não mandava tanto nele assim. Esse velho, desculpe-me, o proprietário atual, contratou aquele homem, o índio, que queimou ervas que nos impediram de entrar em certos lugares. Não nos importamos, já que poderíamos ficar em muitos outros cômodos e soltos pelos pastos, jardim e pomar. Fiz um trato com o índio: se ele deixasse a árvore lá, eu controlaria meu pai. Conversei com o Coisa Ruim, o fiz entender que, se passássemos do limite, aquele indígena com seus ajudantes desencarnados nos pegariam e nos levariam para o lugar onde ele esteve. O melhor era usar do bom senso, não incomodar muito. Passamos a conviver com limitações, mas livres. Papai sabia que, se abusasse, seríamos expulsos. Foi o que ocorreu. Permiti que ele fizesse umas manifestações, e esta senhora tratou de buscar ajuda.*

— Você não se recorda mesmo de nenhum ato bondoso que tenha feito encarnada? — insistiu Marta.

— Como vou lembrar? Estou nervosa, decepcionada e muito triste por ter sido enganada. Está vindo agora à minha mente que batia em Juquinha, nos cachorros e gatos, ofendia as empregadas. Detestava casamentos: prejudiquei a festa de uma de minhas primas, estragando a massa do bolo; rasguei o vestido de outra; e nunca mais me convidaram para nenhuma festa. Não queria que ninguém casasse; depois de casados, não me importava mais, a vida de casado não é um mar de rosas.

— Poderia nos dizer porque não queria que cortassem a árvore do jardim?

— É uma triste história! — suspirou a desencarnada. — Um caso de amor infeliz. Vou contar a vocês. Eu amei, e muito. Foi um sentimento maravilhoso, mas muito triste. Vou explicar. Meu pai não me dava muitas roupas; nos vestíamos, mamãe e eu, de *forma simples. Usava as minhas melhores vestes em festas ou para ir à igreja. Era jovem, andava pela fazenda, raramente a cavalo, caminhava pelo pomar, na trilha do morro, às vezes, pelo pasto. Normalmente ia sozinha ou uma empregada me acompanhava. Uma vez, na trilha do morro, um rapaz me abordou; assustei-me, mas parei para conversar com ele. O moço era filho de um sitiante que fazia divisa com nossa fazenda. A conversa foi muito agradável, ele pensou que eu fosse uma empregada, filha de empregados da fazenda. Não desmenti. Gostei dele e marcamos outro encontro, e estes se tornaram frequentes. Duas vezes por semana, nos encontrávamos, ou na trilha do morro ou nos fundos do pomar. Enamoramo-nos, amei-o e, pela primeira vez na minha vida, senti-me amada. Mas me preocupei, sabia que meu pai não ia deixar namorá-lo ou casar com ele. Meu namorado insistia em conhecer minha família, queria pedir minha mão em casamento. Com medo de se afastar de mim, adiava para falar de quem era filha. Depois de muito pensar, resolvi contar ao meu amado quem eu era e planejar nossa fuga, iria para perto de meus irmãos, eu sabia onde estes estavam, tinha a certeza de que eles nos ajudariam.*

A comunicante fez uma pausa para, em seguida, continuar:

— Quando falei quem era, ele se apavorou, "Meu Deus, Mimi!", meu amor me chamava assim. "Não pode ser! Seu pai nunca deixará você se casar comigo! Tenho medo dele, como todos os vizinhos têm! Ele é capaz de me matar!" Entusiasmada, contei a ele meu plano, mas ele continuou preocupado. "Seu pai pode prejudicar a minha família. É melhor nos separarmos." Não queria isto, amava-o, embora entendesse sua preocupação. Convenci-o a fugir comigo. "Não tenho dinheiro. Como ir embora? Como viajaremos?"

Na sombra da montanha

"Eu arrumo", afirmei. *Pensei muito em como arrumar o dinheiro e resolvi contar à minha mãe e lhe pedir ajuda, sabia que ela sempre tinha dinheiro guardado, que conseguia pegar escondido do meu pai. Mas fui traída. Mamãe contou ao papai. Embora ela sempre tenha negado, tive a confirmação hoje, quando a escutei. Papai não fez nada comigo. Mandou seus jagunços ao sítio dos pais do meu namorado; eles puseram fogo nas plantações, mataram a tiro vários bois e animais domésticos, derrubaram a área da casa e deram o recado: na próxima vez, poriam fogo em tudo com eles dentro. Meu namorado se apavorou, veio aqui à fazenda e se suicidou. O coitadinho preferiu morrer a se separar de mim. Sabia que não seria mais possível ficarmos juntos, se matou. Enforcou-se num galho daquela árvore do jardim. Encontraram no seu bolso uma carta e, nela, meu amor se despedia de mim. Costumávamos nos corresponder: ele escrevia para mim e colocava a carta no vão de uma pedra no pomar; eu o respondia e punha no nosso esconderijo. Ele morreu e foi para o inferno, como todos os suicidas. Chorei muito e prometi a mim mesma que choraria por ele todos os dias. Fazia isto quando encarnada e, logo que entendi que desencarnara, passei a chorar com hora marcada. Uma empregada, logo após esta tragédia, me disse que minhas lágrimas iam até o meu amado no inferno e suavizariam o calor do fogo. Ele saberia que eu chorava, se sentiria amado e consolado.*

— Não me suicidei! — exclamou Marcelo. — Não me matei! Não fui para o inferno!

— Marcelo! Por favor, se acalme! — pediu Marta.

— *Não vejo nenhum desencarnado ao lado dele* — falou Mimi através da médium Elisa. — *Por que ele está me interrompendo? Quanto mais olho para ele, mais sinto que o conheço.*

Porém, tenho a certeza de que não conheço esse quase careca. Como falava, meu amor se suicidou, sim! Encontraram-no enforcado na árvore do jardim, que, na época, era verde e, na primavera, se enchia de lindas flores amarelas. Dentro do bolso dele, havia uma carta para mim, reconheci sua letra; na missiva, ele escrevera que me amava e que nosso amor era impossível, que ia embora, queria que eu fosse feliz e que pensasse nele de vez em quando. Gritei desesperada quando vi meu amor dependurado por uma corda no galho. Meu pai mandou dois empregados me levarem para meu quarto e me trancar. Soube depois que outros dois empregados tiraram o corpo dele da árvore e levaram para os pais. Como não parava de gritar, papai entrou no quarto e me bateu. "Pare, menina!", ordenou ele. "Ele morreu porque quis. Encontraram esta carta no bolso dele, é para você. Se continuar gritando, amarro-a na cama e a amordaço." Sabia que ele fazia o que dizia e parei de gritar. Li a carta. Sofri muito, a dor que sentia parecia que me arrebentaria o peito. Soube, por uma empregada, o que meu pai fizera na véspera com a família dele. Compreendi que meu amor preferira morrer do que ficar longe de mim e, para não prejudicar a família, tomou aquele decisão trágica. Os pais dele venderam o sítio e foram embora para longe com os filhos. Senti ódio de meus pais: de minha mãe, porque não guardou meu segredo, não me ajudou; e do meu pai, por ter atacado o sítio, a casa que ele morava. Fiquei anos sem olhar para eles, conversava somente se muito necessário. Nunca esqueci este amor. Amei-o muito, ainda o amo, e fui amada. Papai até tentou me casar, mas me recusei. Era tão grosseira com os pretendentes e me enfeava tanto quando eles vinham me conhecer que nenhum deles quis casar comigo. Resolvi ficar solteira.

Na sombra da montanha

— Você soube que mudou de plano, do físico para o espiritual, viu outros desencarnados e não viu o moço que amou? — perguntou Marta.

— Ele se suicidou e foi para o inferno. Todos os que se suicidam vão para o inferno. Não podia ir lá nem ele pôde sair do seu castigo eterno.

— O inferno não existe — esclareceu Marta. — Não pensou que sua morte não foi como esperava, como acreditava? Morreu e não viu Deus, não foi julgada, não viu o céu nem o purgatório... Não quis entender o porquê de ter permanecido aqui?

— Foi uma escolha! Quis ficar! Mas agora estou curiosa. Por que ficamos aqui?

— A vida continua — Marta tentou novamente esclarecê-la. — Somos sobreviventes, nosso espírito continua vivo após a morte do corpo físico. Continuamos os mesmos, com nossos sentimentos e gostos. Não somos julgados, a não ser pela nossa consciência. Existe um local que chamamos de Umbral, que é feio e é onde se agrupam desencarnados que sofrem, mas essa permanência é temporária. Existem também lugares bonitos, onde os bons e aqueles que desejam se melhorar moram; são locais agradáveis, mas também moradias temporárias. E, infelizmente, há desencarnados como vocês, que ficam onde residiram, e os motivos são diversos, o fazem por gostar e por querer ficar.

— Aquela árvore era a lembrança do meu amor que morreu por mim. Mas que coisa! Por que esse moço está assim? Por que chora? Sinto que o conheço.

— Você, depois de tudo o que ouviu, sabe que reencarnamos.

— *O que você está querendo me dizer? Recuso-me a escutar. Meu Deus!* — Mimi fez uma ligeira pausa e olhou atenta para Marcelo. — *Ele não está no inferno? Reencarnou?! Impossível! Ele me amava e não ia fazer isto comigo!*

— Estou tentando lhe explicar que nenhum sofrimento é eterno.

— *Se ele tivesse saído do inferno, teria vindo ficar comigo.*

— Mimi, por favor, raciocine — pediu a doutrinadora.

— *Vocês chamam o inferno de Umbral e lá é um local de sofrimento, só que passageiro. Quem se suicida não vai para lá?* — perguntou Mimi, esforçando-se para entender.

— O sofrimento não é eterno para ninguém. Quem se suicida comete um erro grave; quando se arrepende, é perdoado e ajudado.

— Eu não me matei! — exclamou Marcelo, interrompendo-a novamente. — Você, Mimi, foi contando, e lembranças vieram à minha mente. São confusas, porém tenho a certeza de que não me suicidei.

— *Quem é esse homem? Como ousa me desmentir? Por que ele diz se lembrar do que conto? Que confusão é esta?* — perguntou Mimi.

— Boa noite! Sou o mentor do grupo — Marta repetiu o que o orientador desencarnado falava e, pelo intercâmbio mediúnico, após uma ligeira pausa, o espírito responsável pela equipe explicou: — Procurei saber dos acontecimentos do passado ocorridos neste lugar para esclarecê-los. Mimi, o moço que você amou, de fato, pensava que era uma empregada; estava feliz, *planejando um futuro de amor e filhos. Quando soube quem era seu pai, apavorou-se; mesmo temendo pela família, aceitou fugir. Você pediu ajuda à sua mãe, que contou ao marido, que, irado, atacou a casa dele. Seu namorado se desesperou, contou aos pais do seu namoro, e a família decidiu que ele deveria ir embora dali para longe. Não vendo outra alternativa, temendo pelos familiares, ele pegou seus pertences, colocou-os num cavalo e foi embora do seu lar. Porém, não quis partir sem se despedir da amada. Escreveu uma carta e, ao colocá-la no esconderijo no pomar, foi surpreendido por um empregado armado da fazenda, que o amarrou e chamou pelo patrão. O genitor de Mimi decidiu matá-lo. Com a ajuda deste empregado que o amarrou, enforcou-o no galho da árvore do jardim. Foi encontrado horas depois, todos falaram que foi suicídio, e ninguém duvidou depois que encontraram a missiva. Até os pais dele pensaram que o filho se matara.*

— O Coisa Ruim é pior do que pensava! — exclamou Mimi chorando.

Marcelo também chorou. O orientador voltou a falar.

— Ele foi socorrido e levado para um abrigo. Perdoou. Não sentiu mágoa. Soube que a família se mudou, sentiu pela imprudência de querer deixar a carta, sentiu pelo sofrimento dos pais e pelo da namorada. Na colônia, local onde estão os desencarnados bons e os que querem aprender, ele estudou, se preparou e reencarnou. Desejou muito que sua amada refizesse sua vida e fosse feliz.

Mimi quis abraçá-lo, mas foi impedida. O orientador continuou a elucidar.

— Senhorita, por favor, contenha-se, peço-lhe que repense sua vida. Sofreu e preferiu alimentar seu sofrimento. Não quis ver ou fazer mais nada. Sua vida poderia ter sido diferente se tivesse perdoado, fosse ajudar aqueles que sofrem. Quando enxugamos lágrimas, não temos tempo para chorar ou encaramos os motivos que nos fazem sofrer de outra forma. Somos consolados conforme consolamos.

— Realmente, não adianta ficar mais sentida com papai. Que vida triste eu tive e tenho... Meu amor não morreu por mim! Não fui amada como pensava!

— Pelo que lembro, penso que a amei, sim — Marcelo novamente a interrompeu. — O amor verdadeiro é aquele que quer o outro feliz. Não pode ser demonstrado se matando ou assassinando alguém.

— Sinto-me desiludida! Mais uma decepção! Vocês estão sendo cruéis comigo!

— Você foi convidada a escutar todos os desencarnados envolvidos de alguma forma em sua vida para ficar a par da verdade — falou carinhosamente o orientador espiritual através de Marta. — Não é bom viver baseado em fatos falsos. Não alimente a desilusão. Procure agora entender tudo o que aconteceu, tentar esquecer e ter esperança no futuro. Por que não segue o exemplo de Marcelo? Ele não fez nada de errado, viu sua família ser prejudicada, foi assassinado e perdoou.

— Estamos separados para sempre?— perguntou Mimi.

— "Para sempre" é algo que não devemos dizer ou acreditar. No presente, não tem como estarem juntos. Ele seguiu, não parou; para ele, a vida continuou. Reencarnou numa família estruturada, estudou, tem um bom emprego, encontrou outro amor e tem um filho.

— Eu fiquei aqui lamentando e chorando por ele, que me esqueceu e agora está feliz com outra.

— Não lamente mais. Quando amamos alguém, queremos que o ser amado esteja bem e feliz perto ou longe de nós. O que você prefere: vê-lo bem ou, como pensava, sofrendo horrores? Quando ele teve seu corpo físico morto, entendeu que não poderia ficar ao seu lado, pois este ato é obsessão; ele sofreria e a faria padecer. Desejou que você fosse feliz, refizesse sua vida. Marcelo reencarnou porque foi aconselhado a continuar aprendendo e a fazer o bem. Aceite nosso convite para morar num local onde aprenderá a ser útil. Cuide agora de você para, no futuro, cuidar de outros e ser feliz.

— Vocês têm razão. O que eu fiz por mim? Muito pouco. Quero estudar. Acho que já é hora de perdoar e pedir perdão. Vou com vocês. Desculpem-me! Não se preocupe, Estela: depois do que ouvi, não volto mais aqui. Marcelo, você me amou? É tão triste partir daqui pensando que não fui amada por ninguém.

— O que recordo— respondeu Marcelo— é que, desde que a vi, queria fazê-la feliz. Quando desencarnei, desejei ardentemente que você me esquecesse e refizesse sua vida. Queria que se casasse com uma pessoa boa, tivesse um lar e filhos. Estes desejos são de pessoas que amam. Continuo a lhe desejar a mesma coisa, quero que seja feliz. Eu amei você, Mimi! E continuo lhe querendo bem.

— Acho que compreendi. Vou aprender a amar assim. Tentarei ficar bem. Obrigada. Estou cansada. Adeus!

Elisa suspirou, enxugou o rosto. Através da mediunidade de Marta, o orientador esclareceu:

— Meus companheiros de trabalho, os dois moradores da casa aqui presentes e Marcelo, nada é por acaso. Você nos preocupava, sabíamos que tinha que resolver esta dificuldade e estamos contentes por tê-la solucionado. Podemos tirar destas duas reuniões um bom *exemplo. Fazemos de nossa vida o que queremos. Marcelo, na sua encarnação anterior, perdoou, sentiu por ver aqueles que amava sofrerem, não se importou por ser taxado de "suicida", continuou a viver no bem. Quando Marcelo reencarnou nestas terras, tinha pedido para ter mediunidade para ajudar as pessoas deste local com benzimentos, orientando desencarnados e até sanando dores físicas. Não teve tempo, desencarnou e não foi culpa dele. Foi uma prova. E obteve êxito. Perdoou na prática, como havia aprendido na teoria. Quis voltar ao físico para fazer o que havia planejado anteriormente, e esperamos que continue fazendo o bem com sua mediunidade. Você se sentirá melhor porque Mimi não chorará mais por você e não sentirá mais tristeza. Nem todas as tristezas que encarnados sentem sem entender são por esse motivo. O seu, Marcelo, foi especial, como é para cada pessoa. Cada um tem uma história de vida. Uma causa comum de melancolia é deixar a mediunidade sem usá-la para o bem. Agora me afastarei da médium, mas ficarei aqui. Boa noite!*

— Boa noite! — responderam todos.

Juarez orou agradecendo. Acenderam a luz.

— Você está bem, Marcelo? — Marta estava preocupada com seu companheiro de trabalho.

— Sinto-me aliviado! Como falei, desde que cheguei aqui, senti conhecer o lugar. Não dentro da casa, porque nunca entrei aqui, mas o morro, o jardim e o pomar. Quando Mimi começou a contar, as cenas vieram à minha mente, e lembrei de mim jovem, dela, dos nossos encontros, do amor puro e sincero. Ainda bem que não recordei do meu enforcamento. Quando Mimi falou que me suicidara, tive a certeza que não e acabei por falar. Peço-lhes desculpas pela intromissão. Espero que ela aproveite esta oportunidade e fique bem.

— Com certeza, Mimi irá melhorar— opinou Marta.
— Ela se desiludiu ao saber o que ocorreu aqui. Saber a verdade lhe fez muito bem. Se ela quiser reencarnar, o fará longe daqui e de Marcelo. Este espírito precisa aprender a amar outras pessoas.

— Estou envergonhada— falou Estela. — Repeli os desencarnados que estavam aqui e agora, sabendo o que ocorreu com eles, percebi que eram eles quem mais precisavam de auxílio. Espero mesmo que todos fiquem bem, que não sofram mais e que Mimi seja feliz. Ela sofreu tanto, merece receber o bálsamo do esquecimento e um novo recomeço.

— Deseje isso a ela em oração. Sua lembrança carinhosa a estimulará— aconselhou Juarez.

— Como pode um desencarnado ficar tanto tempo num lugar? — perguntou Epaminondas.

— Temos o nosso livre-arbítrio— respondeu Marta.
— Se analisarmos o que escutamos, nenhum deles se arrependeu de seus erros, perdoou, e julgavam que o errado era o outro. Não clamaram por socorro.

— Se tivessem orado, pedido ajuda, seriam socorridos? — o dono da casa quis saber.

— Com certeza— explicou Marta. — Se o pedido fosse sincero, seria ouvido por algum socorrista, que viria aqui para ajudar. Orações não ficam no chão, como dizia minha mãe. Elas têm respostas. Se tivessem rogado por ajuda, receberiam.

— Uma das causas— concluiu Epaminondas— de eles terem ficado aqui foi porque não lembraram de orar, de Deus, não reconheceram seus erros e não perdoaram os erros dos outros. Talvez, se eu tivesse orado por eles, os teria ajudado.

— Sem dúvida — elucidou Juarez. — Se você tivesse orado pelos desencarnados que aqui estavam, eles receberiam energias boas que os fariam orar também. Quando oramos com sinceridade, recebemos conforto, energias salutares que nos modificam para melhor.

— Senti pena de Mimi — falou Marcelo—, tanto tempo alimentando mágoa. Queria ajudá-la!

— Ore para ela — aconselhou Marta—, deseje que Mimi esteja bem, num ótimo lugar. Pensando assim, você a fará querer ficar como você deseja. Marcelo, esqueça essa história. Você recordou de alguns acontecimentos de sua existência anterior, não pode modificá-la, o que passou, passou. Você tem responsabilidades nesta, no presente. Está casado, tem filho, trabalha com sua mediunidade fazendo o bem. Com certeza não sentirá mais ter algo para resolver, porque foi resolvido.

— Sou grato por isso. Aceitei o convite para vir aqui ajudar uma família e fui eu o ajudado.

— Isso sempre acontece — falou Marta. — Foram muitas as vezes que encontrei soluções para os meus problemas ajudando pessoas a solucionar os delas.

— De fato — Marcelo estava realmente aliviado —, o que importa é o presente.

— Se Marcelo tivesse se suicidado, como estaria agora? — Estela quis saber.

— É difícil responder a esta sua pergunta. Não existe regra geral na espiritualidade — respondeu Juarez. — Cada caso é visto de maneira especial. Porém, matar é um erro grave, pois priva alguém de ter seu aprendizado na matéria física. Suicidar-se é quase sempre tentar fugir de um problema para tê-los maiores depois. Mas nada é para sempre. Todos os que erram poderão se arrepender, pedir perdão, perdoar a si mesmos e ter também um novo reinício. Isto ocorre também com o suicida, e são levados em conta como ocorreu e por quê.

— O suicida pode trazer na sua próxima encarnação sequelas de seu ato impensado? — perguntou Estela.

— Você disse algo muito certo — elucidou Juarez. — "Ato impensado"! Creio que, se alguém com ideias suicidas pensasse bem, não o cometeria. Volto a dizer que cada caso é um caso. Pode ocorrer que, tendo matado um corpo sadio, poderá ter um corpo doente para aprender a dar valor a um corpo saudável. Às vezes, o remorso que sente um suicida é destrutivo, não consegue harmonizar seu períspirito e poderá, sim, reencarnar com sequelas.

— A doutrinação de suicidas é difícil? — indagou Epaminondas.

— Por muitas vezes — contou Marcelo —, em reuniões de orientação a necessitados desencarnados, pela minha mediunidade, foram doutrinados imprudentes que se suicidaram e também espíritos desesperados que, pelo uso de drogas, foram considerados suicidas inconscientes.

— Abusaram do seu físico e mudaram de plano antes do previsto. Suicidas inconscientes agem assim? — perguntou o dono da casa.

— Temos o dever de cuidar do nosso corpo físico — respondeu Juarez. — Ele é a vestimenta do nosso espírito por um período. Erramos quando não cuidamos bem dele. O corpo físico deve ser higienizado, alimentado com alimentos saudáveis, não fadigado demais. Bebidas alcóolicas, cigarros e principalmente entorpecentes prejudicam muito a vestimenta carnal e, se em excesso, o adoecem. Temos visto muitas pessoas desencarnarem antes do previsto e, podem, sim, ser consideradas suicidas; dizemos "inconscientes", mas creio que podemos dizer que nem tanto, porque atualmente a maioria tem conhecimento, ao fazer uso destes tóxicos, que estão prejudicando a sua saúde. A maioria dos viciados não quer desencarnar, quer somente continuar com seu vício. Penso também que muitos dos suicidas não queriam morrer, mas se livrar de uma situação aflitiva.

Juarez fez uma ligeira pausa e voltou a elucidar:

— Temos um carinho especial por esses espíritos, e eles são bem recebidos nas nossas reuniões. Costumamos orientá-los. Normalmente, eles estão muito desarmonizados, perturbados, então usamos da sugestão. Com o auxílio da equipe espiritual, eles voltam a ser como antes de começar a se viciar ou a ter problemas aflitivos. Nosso perispírito é modificável; desencarnados que sabem modificam a si mesmos e a outros, fazendo-se passar até por outros espíritos. Usamos deste processo para socorrer. Exemplo: um homem teve seu corpo físico morto ao quarenta anos, fez sua passagem viciado em cocaína. Ele começou a se drogar aos dezessete anos. O doutrinador encarnado sugestiona-o a lembrar de como era aos quinze anos, e seu perispírito vai se modificando até ter a aparência que tinha aos quinze anos. O desespero desse socorrido passa, assim como as dores e a vontade de se drogar, então ele raciocina. Mas não esquece o que lhe aconteceu. Lembra-se de tudo, como nós recordamos do que nos ocorreu no mês passado. Ele é levado para um dos hospitais no plano espiritual, onde continuará recebendo tratamento. Este socorro tem dado resultado e, com os suicidas, muito mais. Este necessitado tem seu perispírito modificado para antes de seu desencarne, é orientado e depois levado para um auxílio maior.

— Compreendo agora o porquê de orientadores e médiuns terem de estudar — falou Estela.

— Realmente — completou Juarez a conclusão de Estela. — Quando se sabe, podemos, de fato, fazer o bem e ser úteis. É pelo estudo que nos habilitamos a auxiliar os outros neste trabalho de orientação. Porém, estes conhecimentos que adquirimos pelo estudo somente podem dar frutos se os vivenciarmos. Teremos êxito se fizermos exatamente o que aprendemos.

— Estou conhecendo outra forma de caridade e estou maravilhado! — suspirou Epaminondas.

— Alimentar pobres é uma boa obra, mas alimentar almas é ainda mais nobre e útil! — exclamou Juarez.

— Estou muito agradecido por vocês terem vindo — o dono da casa agradeceu. — Ajudaram muito. Sinto-me auxiliado. Não somente por estarmos livres dos desencarnados, mas por ter compreendido tantas coisas. Uma delas foi: a melhor coisa que pode um homem fazer por si é fazer o bem ao próximo. Se um deles tivesse feito o bem, talvez um dos beneficiados teria tentado ajudá-lo. Não é isto?

— É — respondeu Marta. — Quando fazemos o bem a alguém, a nós primeiro fazemos. Isto ocorre também com as más atitudes. Vamos encerrar a reunião, acho que estamos cansados, principalmente Elisa e Marcelo. Vamos tomar o chá para depois descansar.

Saíram do escritório, foram à sala de refeição.

— A casa está diferente — comentou Epaminondas.

— Está com boas energias — afirmou Juarez.

— Vamos mantê-la assim — prometeu o proprietário.

Tomaram o chá e foram descansar.

14
Sempre amigos

Estela acordou contente, foi preparar o café e encontrou Josemar na cozinha.

— Bom dia, dona Estela! O dia está bonito como sempre, mas tem algo diferente, está mais agradável. Acho que é por causa das visitas.

— Você tem razão, o dia está ótimo. De fato, tem a ver com as visitas, elas são espíritas e vieram nos ajudar.

— Dona Estela, "desencarnados" são as assombrações?

— São pessoas que tiveram o corpo físico morto e continuaram vivos. Os que estavam aqui eram perturbados e perturbavam, foram orientados e levados para um auxílio.

— Graças a Deus!

Todos se levantaram. Com os hóspedes na casa, o sino não foi tocado. Alegres, tomaram o desjejum.

— Como prometi — falou Marta —, vamos agora nos reunir para fazer o Evangelho no lar. Vamos ao escritório.

Reuniram-se no escritório e se acomodaram. Isabela se sentou pertinho de Marta, que explicou:

— Faço o Evangelho na minha casa todo domingo às vinte horas. É bom marcar dia e hora. Nosso orientador espiritual está aqui e disse que, se vocês quiserem, ele virá para fazer o Evangelho com vocês.

— Será um prazer enorme recebê-lo! — exclamou Epaminondas. — O que você acha, Estela, de fazermos todos os domingos pela manhã? Às oito horas?

— Combinado! — Estela concordou.

— Se, por algum motivo — Marta os orientou, — uma viagem, quiserem mudar a data, avisem, fale alto, antes de iniciar, que a reunião seguinte não poderá acontecer no dia marcado e remarquem. São muitas as maneiras de se fazer o Evangelho. Se quiserem, podem colocar um recipiente com água por perto e tomar logo após; nosso orientador pode energizá-la ou qualquer bom espírito que vier participar deste culto no lar. Pode-se também substituir a leitura do Evangelho de Kardec, pelos Evangelhos da Bíblia ou por leituras da literatura espírita. Hoje iremos abrir por acaso o livro. Depois, se vocês quiserem, podem começar do início, cada vez ler um texto. Pode-se comentar o que foi lido, conversar sobre problemas e pedir a Deus e aos bons espíritos orientações, a Jesus que nos dê muita luz, e agradecer por tudo de bom que recebemos.

— Podemos pedir pelos desencarnados? — perguntou Epaminondas.

— Sim — respondeu Juarez — podemos pensar numa luz maravilhosa, flores e enviar em pensamento para os desencarnados desejando que estejam bem e felizes. Iniciamos o Evangelho sempre com uma prece. Alguém quer fazê-la?

— Eu quero — pediu Isabela.

— Pois faça, meu bem — autorizou Marta.

— Jesus, eu te amo! Nós o amamos! Um beijo! — a garotinha colocou as mãozinhas na boca e depois as levantou para o alto — Muá! Muá!

Os adultos sorriram.

— Para quem está mandando beijos? — perguntou Mariano.

— Para Jesus! — respondeu a menina.

— Você fez uma oração muito bonita! — elogiou Juarez. — Vamos abrir o livro O Evangelho Segundo o Espiritismo e ler um trecho — Juarez fez compassadamente e leitura da lição: "O homem de bem".

— O verdadeiro homem de bem é aquele que pratica a lei de justiça, de amor e de caridade, na sua maior pureza...[1]

— Alguém quer comentar? — indagou Marta.

— O que mais admiro nessa lição — disse Juarez — é que devemos amar verdadeiramente e seguirmos os ensinamentos de Jesus. Porque, se o fizermos mais ou menos, podemos cair no risco de sermos pessoas mais ou menos.

— O que ouvi é o mais lindo ensinamento para bem viver — comentou Epaminondas.

— Vou ser um menino do bem — afirmou Felipe.

— É um texto muito bonito! — exclamou Mariano. — Quero ler essa página mais vezes.

---

1. N. A. E.: A lição lida está no capítulo 17, "Sedes Perfeitos", itens 3º e 4º, "Os Bons Espíritas".

— Vou deixar este livro com vocês e mandar pelo correio ou por Elisa as obras de Allan Kardec. É nosso presente! — falou Juarez.

— Obrigado, aceito o presente e fico contente, — agradeceu o dono da casa.

— Como venho na quarta-feira à vila, posso passar por aqui e trazê-los — ofereceu-se Elisa.

— Combinado, você os trará — concordou Juarez.

— Quero agradecê-los — Estela estava emocionada —, saíram de suas casas e vieram nos ajudar. Sou muito grata pelo auxílio do grupo e, primeiramente, a Deus. Faço o propósito de seguir seus exemplos, quero fazer o bem com minha mediunidade. Vou aprender para isto. Muito obrigada!

— Aprendemos muito em todas as ajudas de que participamos — falou Elisa. — Foi muito agradável vir aqui. Agradecemos a hospedagem.

— Mais grato, sou eu! — exclamou Marcelo. — Concluo que, quando ajudamos alguém, somos realmente ajudados. É dando que se recebe. Estou me sentindo tranquilo como nunca me senti. Quando titia me convidou para vir aqui, pensei em recusar. Tia Marta insistiu, disse que precisava de mim como médium. Vim pensando em ajudar e penso que eu fui o maior beneficiado. Sei agora porque sentia alguém chorar por mim, com certeza Mimi não irá mais chorar e esclareci que não me suicidei. Quero fazer a oração final: Deus, muito obrigado! Agradeço aos bons espíritos que têm nos auxiliado trabalhando conosco e nos orientando. Abençoem a nós e à nossa família. Que assim seja!

— No final do Evangelho — explicou Marta —, fazemos uma oração de agradecimento. Também podemos pedir auxílio para outras pessoas. Vamos rogar a Deus para continuar ajudando os desencarnados que aqui estiveram e que eles recebam nosso incentivo, fiquem bem e que estejam em paz — Marta tirou uma folha de papel do bolso e leu a mensagem escrita nela: — "Senhor Deus, pai dos que choram, dos tristes, dos oprimidos, fortaleza dos vencidos, consolo de toda a dor. Embora a miséria amarga dos prantos de nosso erro deste mundo de desterro, clamamos por vosso amor. Nas aflições do caminho, na noite tormentosa, vossa fonte generosa é o bem que não secará. Sois, em tudo, a luz eterna da alegria e da bonança, nossa porta de esperança que nunca se fechará".[2]

Todos se emocionaram com a prece.

— E se Mimi vier atrás de você, Marcelo? — Estela, curiosa, quis saber.

— Ela não o fará — afirmou Marta. — Mimi foi levada para um lugar que penso que gostará e poderá reencarnar logo. Mas, se ela procurar por Marcelo, ele, trabalhando com sua mediunidade, tem um protetor que impede espíritos perturbados de se aproximarem dele. Porque, se Mimi sair do abrigo sem permissão, não ficará bem. Conhecendo pessoas por anos de trabalho ajudando-as, creio que nenhum dos que foram orientados aqui voltará a vagar.

---

2. N. A. E.: "Prece dos aflitos", do livro *Paulo e Estevão*, de Emmanuel; psicografia de Francisco Cândido Xavier, editora FEB, página 42.

— Que trabalho fantástico, que auxílio maravilhoso se faz com a mediunidade! — exclamou Epaminondas.

— Concordo — Juarez sorriu —, nessas reuniões escutamos pensamentos dos desencarnados vestidos com as palavras do médium. É um intercâmbio muito útil e bonito.

— Vamos agora passear? — perguntou Epaminondas. — Poderemos ir ao pomar apanhar frutas para vocês levarem. Verduras também, se quiserem.

— Senhor Epaminondas, posso cortar a árvore seca? — pediu Marcelo.

— Estava planejando, amanhã, contratar dois diaristas para cortá-la, arrancá-la pelas raízes e plantar outra; tirar também o cercado de pedras e plantar flores.

— Oba! — gritou Isabela. — O senhor vai mesmo tirar a árvore seca do jardim?! Não a verei mais?! Nem seca nem verde?! Obrigada, titio!

— Gostaria de cortá-la, se o senhor não se importar — insistiu Marcelo.

— Vou pedir para José Elídio ajudá-lo. Faça como quiser — concordou o dono da casa.

— Obrigado!

Saíram para o jardim, Estela e Marta ficaram para trás; curiosa, a mãe de Isabela perguntou:

— A mãe de Mimi se entusiasmou com a possibilidade de reencarnar. Ela o fará desconhecendo que terá o retorno de seus atos?

— Ela saberá. "O que aqui se faz, aqui se paga" é um ditado, além de verdadeiro, muito conhecido. Isto é dito pensando nas más ações, mas o retorno é das ações em geral:

recebemos o bem quando elas são boas. Temos, no nosso íntimo, que somos sempre castigados pelos nossos erros. Explico a você, Estela, que não sofremos somente por erros, podemos passar por momentos difíceis, por provas, por um aprendizado. Essa senhora não reencarnará iludida. Sabemos que estar no plano físico não tem somente facilidades, mesmo um espírito harmonizado passa por dificuldades por estar ainda num mundo de provas e expiações.

— Estou pensando agora que podemos explicar o porquê de algumas pessoas terem tantas dificuldades para aprender e outras não. Vi, tempos atrás, uma reportagem sobre índios que vivem de modo muito primitivo. Por que eles nasceram na floresta, e eu, na cidade?

— O espírito que estuda, aprende, adquire conhecimentos, estes são dele. Quando volta ao físico, esquece, mas tem facilidade para aprender, pois de fato está reaprendendo. Espíritos muito primitivos podem estar tendo a experiência das primeiras reencarnações na Terra. O livro *A Gênese*, de Allan Kardec, explica bem esta questão.[3] Nesta obra, também se esclarece "que, sem a reencarnação, a missão do Cristo seria um contrassenso. Se a alma de cada homem fosse criada no nascimento do corpo, nenhuma relação teria com as que tinha na Terra desde Adão até Jesus e depois Dele".[4] Penso: Onde estariam tantos espíritos? E o porquê de uma pessoa estar

---

3. N. A. E.: *A Gênese*, de Allan Kardec, nos dá preciosas explicações. É uma obra de estudo em que encontramos importantes esclarecimentos; capítulo XIV, item 10.
4. N. A. E.: *A Gênese*, de Allan Kardec, capítulo XI, item 46.

no corpo físico e ter vivido no período conflitante de uma guerra, e outra no tempo de paz? Por que esta diferença? O princípio da reencarnação é uma consequência necessária da lei do progresso. Sem a reencarnação, como se explicariam as diferenças físicas, sociais, econômicas e intelectuais que existem entre as pessoas?

Estela sorriu, e as duas se juntaram aos outros, no jardim. A esposa de Mariano pensou: "Tenho muito o que aprender. Estou bastante interessada por esse assunto. Vou ler todos os livros de Allan Kardec. Penso que não só devo lê-los como estudá-los".

José Elídio trouxe as ferramentas, e Marcelo e ele começaram a cortar os galhos da árvore. Marcelo começou pelo galho com o qual Estela havia pensado que poderia fazer um balanço. Havia sido neste galho que anteriormente o namorado de Mimi fora enforcado. Deixando os dois cortando a árvore, o grupo foi para o pomar, onde apanhariam frutas e as colocariam nos cestos.

Estela foi ajudar na cozinha; quando a refeição ficou pronta, ela foi chamá-los. Aproximava-se de Juarez quando caiu perto dela uma goiaba. Assustou-se. Onde estava não havia goiabeiras. Felipe gargalhou com o susto da mãe e explicou:

— Elisa e eu estávamos nas goiabeiras. Vim comendo uma, mas estava com bichos e a joguei fora. Não quis assustá-la.

Estela lembrou-se do que Juarez contara e riu também.

"Com certeza", pensou, "todos os moradores do sítio, por uns tempos, se assustarão com objetos e frutas caindo".

— O almoço está pronto; se quiserem, podemos almoçar— convidou Estela.

O grupo se reuniu e, carregando as cestas, foram para o jardim. Colocaram as frutas, umas em sacos e outras em cestas, na caminhonete. Os hóspedes iriam embora logo após o almoço.

— Cortamos vários galhos! — Marcelo estava contente.

— Deixem o resto para os diaristas, — pediu o dono da casa.

— O que o senhor irá fazer com esses galhos secos? — perguntou Marcelo.

— Queimá-los — respondeu Epaminondas —, mas não nos fogões. Farei uma fogueira no pátio com eles. Não quero nem resto desta árvore por aqui.

— Obrigado — agradeceu Marcelo. — Queria mesmo que isso ocorresse. Vou tomar um banho e trocar de roupa.

O grupo esperava por Marcelo na área. Conversaram sobre os animais e as plantas, riram muito, estavam contentes. É bom estar com pessoas afins. Passamos horas agradáveis com amigos. Embora houvessem se conhecido recentemente, tinham os mesmos objetivos, gostos; seriam, com certeza, amigos para sempre.

Marcelo se reuniu com eles e foram almoçar. Como sempre, Epaminondas orou e o fez emocionado.

— Hoje não vou, como faço todos os dias, agradecer pelo alimento à minha mesa e por ter saúde para comê-los. Agradecerei por existir a amizade. Fazer refeições entre amigos é fazê-lo com redobrada alegria. Estamos também alimentando nosso espírito. Obrigado, Deus Nosso Pai!

Foi uma refeição muito agradável.

Terminaram; os hóspedes foram aos quartos pegar seus pertences. Epaminondas chamou a sobrinha para ir à cozinha. Ele pediu ajuda para colocar, em caixas, doces e pães e, no isopor, frangos congelados.

— Vamos pôr isto na caminhonete. Eles levarão frutas, ovos e estas caixas. Que ideia maravilhosa você teve quando pensou em pedir ajuda a eles! Que pessoas boas!

José Elídio também havia tomado banho e carregou a caminhonete. As visitas despediram-se com abraços, acomodaram-se no veículo e partiram.

— Não vou dormir esta tarde — decidiu Epaminondas —; vi, no pomar, um furo na cerca e vou consertar.

— Posso ir, titio? — perguntou Felipe.

— Sim — respondeu o tio.

— Também quero ir — pediu Isabela.

— Vou também — afirmou Mariano.

— Vocês vão; fico para ajudar na cozinha e depois irei organizar os quartos — falou Estela.

Os quatro saíram para o pomar, e Estela foi aos quartos, tirou as roupas de cama e as toalhas dos banheiros.

"Nesta noite, volto para o meu quarto. Sinto a vibração desta casa diferente. Parece um lar, o meu! Como estou contente! Obrigada, Deus!"

Organizou o essencial; no outro dia, lavaria as roupas e colocaria os móveis nos lugares. Duas horas depois, os quatro voltaram eufóricos, e as crianças, sujas.

— Mamãe! — exclamou Felipe. — Titio irá nos levar nas férias de julho para um hotel!

— Vamos a uma cidade pitoresca a três horas de carro daqui. É uma cidade turística. Passaremos lá somente uns dias — informou Epaminondas.

— Papai irá depois porque ainda não pode tirar férias — contou Isabela.

— Iremos na quarta-feira pela manhã— planejou o tio. — Mariano irá na sexta-feira à tarde, pedirei para Joaquim liberá-lo no sábado. Ele irá de moto. Voltaremos no domingo à tarde.

— Nunca fui a um hotel, nem Isa — comentou Felipe.

— Eu também não! — exclamou Estela.

— Pois é tempo de irmos — falou o tio. — Em janeiro, nas férias de Mariano, iremos todos a um lugar mais longe e por mais dias. Fui a esta cidade, a que iremos em julho, por duas vezes, gostei muito, mas não é bom ir sozinho. Tendo vocês por companhia será mais divertido.

Todos ajudaram com o jantar, viram televisão e foram dormir contentes.

Na segunda-feira, no almoço, Mariano informou:

— Fui na frente do centro espírita; na porta, tem um informativo de dias e horário das atividades da casa. Hoje tem palestra e passes às dezoito horas e trinta minutos.

— Vamos todos — decidiu Epaminondas. — As crianças também. Lá, conversaremos com alguém da casa para sabermos como poderemos frequentar.

Às dezoito horas, tio, sobrinha e crianças saíram do sítio para ir ao centro espírita. Mariano encontrou-se com eles. As pessoas presentes olharam disfarçadamente para Epaminondas; ele, embora não fosse da cidade, morava ali havia algum tempo, e todos o conheciam, assim como também a Mariano.

Acomodaram-se e escutaram a palestra. Uma senhora falou sobre reencarnação, a partir de lições tiradas do livro O Evangelho Segundo o Espiritismo, de Allan Kardec, capítulo 4, "Ninguém pode ver o reino de Deus se não nascer de novo".

"Meu Deus!", pensou Epaminondas. "Creio que tinha preguiça de pensar. Como pude acreditar que vivemos uma vez somente? Como não prestei atenção nas diferenças existentes entre os seres humanos?"

"Amo mais a Deus por entender a reencarnação", pensou Estela.

"A ciência podia provar a reencarnação", desejou Mariano, "como provou que a Terra gira em torno do sol e que as estrelas são sóis e que existem muitos planetas. Todos deveriam compreender esse processo."

Chamados por número que receberam ao chegar, foram tomar passes e voltaram aos seus lugares. Depois que todos receberam passes, um homem fez uma oração finalizando.

As pessoas conversaram e muitas cumprimentaram Epaminondas, que explicou:

— Minha sobrinha frequentava uma casa espírita onde morava, eles querem continuar frequentando, e viemos todos. Gostaria de saber como é feito o estudo neste centro. Estela é médium e quer aprender para trabalhar com sua mediunidade, e eu quero estudar, estou curioso, porque, quanto mais escuto sobre o assunto, mais acho coerente e interessante.

— Temos palestras e passes nas segundas e sextas-feiras — informou a senhora que deu a palestra. — No sábado, temos, às dezessete horas, Evangelização Infantil: as crianças são divididas em duas turmas, pela idade, e ficam nas salas que temos nos fundos; os pais se reúnem aqui, onde oramos e falamos das dificuldades que temos com os filhos, qual a melhor maneira de orientá-los e sobre a doutrina espírita.

— Posso vir? — perguntou Estela. — Minha filha tem mediunidade.

— Ela é muito nova para trabalhar essa sensibilidade — respondeu a senhora. — Vocês frequentando, a mediunidade dela não a atrapalhará. Tudo é natural quando se tem conhecimento. Ela, adulta, estará apta a ser útil. Convido-os a vir, será um prazer recebê-los.

— Os cursos já começaram? — Epaminondas quis saber.

— Sim, desde fevereiro. Mas não tem importância, podem começar quando quiserem.

— Estela pode vir ao curso em que se aprende a lidar com a mediunidade? — perguntou Mariano.

— Sim — autorizou a senhora. — Temos, na casa, às quartas-feiras, o curso para iniciantes; na quinta-feira, para os que já têm mais conhecimentos, para as pessoas que já fizeram o primeiro. É um estudo deveras interessante.

— Viremos na quarta-feira — determinou Epaminondas. — Posso frequentar também? Trarei minha sobrinha. Não tenho mediunidade em potencial para trabalhar com ela. Mas quero aprender.

— Pode vir. A maioria dos que estudam é para aprender e trabalhar para o bem com a mediunidade, mas alguns, como o senhor, frequentam para obter conhecimentos.

— Não iremos atrapalhar por entender pouco sobre o assunto? — indagou Epaminondas.

— Não — a senhora foi gentil. — A dúvida de um é normalmente a dúvida de muitos.

— Posso vir também no estudo de terça-feira? — perguntou Epaminondas.

— Sim e afirmo que com certeza irá gostar. Estamos estudando *O Livro dos Espíritos*, de Allan Kardec.

Conversaram mais por alguns minutos e depois se despediram.

Voltaram para o sítio entusiasmados.

— Voltaremos no sábado — decidiu Estela. — Mariano e eu ficaremos com os outros pais, e as crianças, na Evangelização. Na quarta-feira, volto com titio para o estudo e, pelo menos por duas vezes por mês, viremos nas segundas-feiras para recebermos o passe.

— Titio, o senhor não estudará muito? — perguntou Mariano.

— O tempo que fiquei sem estudar passou e não posso recuperá-lo. Quero ler, vou adquirir livros, quero aprender principalmente para, quando desencarnar, não ficar perdido sem saber o que aconteceu ou, pior, ficar vagando. Não quero me tornar uma assombração, um desencarnado que assusta as pessoas. Quero, meu sobrinho, fazer e aprender, enquanto tenho tempo.

Todos gostaram do centro espírita e das pessoas, voltaram contentes para a casa e dormiram tranquilos.

15
O amor que acolhe

Terça-feira amanheceu um dia lindo. Assim que as crianças saíram para a escola, dois diaristas chegaram e começaram a trabalhar no jardim, iriam tirar o que restara da árvore.

Os empregados comentaram sobre os hóspedes e ficaram aliviados por saberem que ali não haveria mais as manifestações provocadas pelos desencarnados. José Elídio fez muitas perguntas ao patrão e demonstrou querer ir também ao centro espírita e levar a irmã.

Os dois trabalhadores arrancaram as raízes da árvore, derrubaram a mureta e levaram as pedras na caminhonete para a divisa do sítio, nos fundos do pasto. Com os galhos e o tronco da árvore fizeram uma fogueira. Plantaram no local uma outra árvore e, em volta, muitas flores.

"Graças a Deus, não veremos mais a árvore seca", pensou Estela.

Tio e sobrinha olhavam a fogueira quando viram Isaurinha andando devagar, aproximando-se da área do jardim. Cumprimentaram-na alegres.

— Que bom vê-la por aqui! — exclamou Estela.

Com os hóspedes na casa, Estela não fora mais visitá-la.

"Ia muito à casa de Isaurinha com Isabela porque lá Mimi não entrava, mas gosto dela", pensou Estela.

— Vim ver como ficou o jardim sem a árvore feia — disse Isaurinha.

— Estava planejando visitá-la amanhã. Não tive tempo estes dias. Sente-se aqui na área — convidou a esposa de Mariano.

— Íamos entrar e tomar chá. Por favor, entre conosco — pediu Epaminondas.

Isabela veio abraçá-la e, contente, contou:

— Isaurinha, estamos livres das almas penadas, ou seja, dos desencarnados. Mimi foi embora.

— Que bom!

Entraram e, enquanto tomavam o chá, contaram para ela o que ocorrera na casa. Somente não falaram da comunicação de João Roberto.

— Gostaria de ir com vocês ao centro espírita para tomar passe — falou Isaurinha.

— Planejamos ir na segunda-feira que vem, e a senhora poderá ir conosco — convidou Epaminondas.

Combinaram a ida ao centro, assim como também combinaram que Isaurinha iria à casa-sede às terças e quintas-feiras à tarde para ensinar Estela a costurar. Foi um encontro agradável. Mãe e filha acompanharam-na de volta à sua casa.

Quando Silmara e José Elídio iam embora, Estela resolveu dar um empurrãozinho nos dois. Agora não tinha mais o espírito para impedi-lo de ser feliz com alguém.

— Zé — disse a esposa de Mariano —, Silmara precisa deixar a moto dela na oficina. Você não poderia dar carona a ela?

— Mas... — disse Silmara com expressão de não ter entendido.

Estela piscou para ela, sorriu e falou:

— Silmara está com vergonha de lhe pedir carona. Por que vir a pé se você pode trazê-la?

— Claro, Silmara. Passo às sete horas em sua casa — combinou José Elídio.

Silmara sorriu contente. Os dois foram embora.

À noite, Epaminondas foi ao centro espírita para o estudo. Encontrou-se somente no outro dia com a sobrinha, mas, como esperavam por Elisa, não conversaram.

Elisa chegou ao sítio às nove horas. Apresentou o irmão, pessoa muito agradável, e aceitaram tomar café.

— Saímos muito cedo de casa. Meu irmão precisa voltar logo, ele me deixará na pousada e voltará no domingo para me buscar. Espero que dê certo. Por mais que tente me controlar, estou ansiosa.

Entregou um pacote ao dono da casa.

— Juarez lhe mandou.

— Que simpático! Que presente maravilhoso! Agradeça por mim!

Elisa e o irmão não demoraram, foram para a vila. Epaminondas abriu o pacote. Como prometera, Juarez mandara toda a obra de Allan Kardec mais dois infantis para as crianças e um catálogo de uma distribuidora que atendia pelo reembolso postal.

— Vou comprar alguns: outros infantis para as crianças lerem e uns romances. Vou colocá-los no escritório e deixarei uma estante somente para as obras espíritas. Ontem — contou o tio, — no curso, conheci outras pessoas e gostei da aula. Eles estão estudando este livro — pegou e mostrou —, *O livro dos espíritos*; estão no capítulo dois do segundo livro. Esta obra é dividida em livros, são quatro, e cada uma destas partes tem capítulos. O estudo foi iniciado no primeiro livro. Vou ler as partes já estudadas e tentar entender. Nas aulas, as perguntas e respostas são lidas e comentadas. Neste capítulo — Epaminondas mostrou à sobrinha —, "Encarnação dos espíritos", na primeira parte, "Finalidade da encarnação", veja que interessante! Na pergunta cento e trinta e dois, "Qual é a finalidade da encarnação dos espíritos?". A resposta é: "Deus a impõe com o fim de levá-los à perfeição (...) A encarnação tem ainda outra finalidade, que é a de pôr o espírito em condições de enfrentar a sua parte da Criação".

Epaminondas leu toda a resposta.

— Realmente, é muito interessante! — Estela concordou.

— Vou ler esse livro e, com o senhor fazendo o curso, poderá tirar minhas dúvidas.

Felipe, assim que chegou da escola, abraçou a mãe e contou:

— Mamãe, Paulo me convidou para o aniversário dele. Aqui está o convite. Será no domingo à tarde. Posso ir? Ele convidou também Isa. Terei de levar um presente!

— Isso é fácil — intrometeu-se Epaminondas. — Estela comprará.

— Às vezes em que eram convidados, se não tinha dinheiro para o presente, eles não iam — explicou Estela. — Vou comprar com o dinheiro que Mariano me deu, comprarei junto com os agasalhos para eles.

— Vou lhe dar mais — disse o tio —, quero as crianças bem agasalhadas. Felipe logo fará aniversário. Podemos fazer uma festa para ele.

— Festa! — gritou Felipe entusiasmado. — Nunca fiz festa de aniversário! Nunca tive uma!

— Pois terá! — determinou Epaminondas. — Você e Isabela! Faremos uma festa na frente do jardim. Convidaremos seus coleguinhas da escola e da Evangelização Infantil. Colocaremos balões coloridos.

Felipe, Isabela e Epaminondas combinaram os detalhes, estavam alegres.

— Titio, seu aniversário é perto do meu. Vamos também fazer uma festa para o senhor? — sugeriu Felipe.

— Confesso que eu também nunca fiz festa no meu aniversário — falou o tio.

— Podemos convidar seus amigos — opinou Estela — para um almoço e, na sobremesa, teremos um bolo ou fazer um churrasco no pátio para mais pessoas.

— Vamos fazer um churrasco. Este ano meu aniversário cai numa sexta-feira, farei no domingo — decidiu o dono da casa. — Convidaremos os empregados e suas famílias; até lá, conheceremos melhor os frequentadores do centro espírita e os convidaremos, assim como os meus amigos.

Conversaram à tarde sobre as festas. As crianças estavam eufóricas.

José Elídio e Silmara iam embora, e Estela novamente se intrometeu.

— Silmara, moto é muito perigoso. Senta mais perto do Zé e segura firme nele. Assim!

Empurrou Silmara e a fez abraçar o empregado. Os dois foram embora contentes.

— Deste jeito, você irá casá-los — riu o tio.

— Silmara gosta muito do Zé. Não saiu daqui, embora com medo das manifestações, por causa dele. Espero que namorem.

À noite, tio e sobrinha foram ao curso e gostaram muito. Receberam uma apostila e ficaram sabendo que Coem era Centro de Orientação e Educação Mediúnica. Quem dirigia, ministrava, as aulas era Neide, uma senhora agradável e de muitos conhecimentos. O grupo estava na lição quarta da apostila que receberam, "Aula teórica dos médiuns, classificações gerais".

No final, Neide dirigiu-se a Epaminondas, Estela e um moço, Gustavo, que estavam indo pela primeira vez.

— Aconselho vocês a ler as primeiras lições e, se quiserem chegar trinta minutos antes da aula, aqui estarei para tirar dúvidas. Assim, acompanharão a turma.

Tio e sobrinha gostaram da ideia e combinaram que iriam. Marcaram para ler a apostila pela manhã, quando as crianças estavam na escola, e anotar as dúvidas.

No sábado, o casal levou os filhos à Evangelização Infantil. As crianças gostaram muito. Mariano e esposa também. Puderam fazer perguntas e conheceram outros casais. Na volta, Mariano comentou:

— Com as dicas que escutamos e que escutaremos, seremos bons pais. Não quero faltar.

Na segunda-feira, José Elídio, ao chegar com Silmara, contou contente:

— Silmara e eu estamos namorando! E minha irmã e eu decidimos frequentar o centro espírita.

Epaminondas sorriu e falou baixinho para a sobrinha:

— Com certeza, logo casarão.

Isabela trouxe um bilhete de sua professora para a mãe. Estela, ansiosa, abriu e leu: "Senhora Estela, informo que Isabela se adaptou, está atenta e fez amizades. Está tudo bem".

Contente, mostrou o bilhete para o marido e depois ao tio.

— Que bom que tudo voltou ao normal! — exclamou Mariano aliviado. — Nossa menina voltou a ser a garotinha de sempre, feliz e carinhosa.

Na quinta-feira, Estela comentou:

— Tio Bino, combinei com Elisa de telefonar para ela às onze horas para saber como ela está com a menina.

— Fiquei sabendo que Elisa levou a menina como planejou, no domingo. E que a mãe, em seguida, foi para o hospital e não está passando bem. Telefone também para Marta e a agradeça pelos livros.

Estela telefonou. Marta estava bem, quis saber notícias e ficou contente por eles estarem frequentando o centro espírita. Elisa também estava bem; contou, entusiasmada, que a filhinha se adaptava, era alvo de atenção e carinho de todos os seus familiares e que estava muito feliz por ser mãe.

No sítio, todos se alegraram com as notícias.

Epaminondas, em todos os seus momentos livres, lia os livros que ganhara de Juarez. Conversava com a sobrinha sobre o que aprendia.

— Quero — concluiu ele — me vigiar para não perder a oportunidade de auxiliar alguém. Porque não basta não fazer o mal, é preciso ser ativo no bem. Tenho pensado que, quando deixo de fazer um bem, afeto negativamente alguém. Na terça-feira, no dia em que tiramos a árvore seca do jardim, José Elídio não levou, como de costume, ovos e verduras à creche; ao fazê-lo, na quarta-feira, ficou sabendo que as crianças, no dia anterior, alimentaram-se somente de arroz. Pensando neste fato, compreendi que, ao não fazer, podemos causar dores, desconforto, fome etc. a alguém. Estou pensando em ser mais ativo, fazer o que posso e devo no momento. Se fizermos pequenas coisas, com certeza estaremos aptos a fazer mais e melhor as coisas grandes, porque somente assim progrediremos.

Dez dias se passaram tranquilos. José Elídio, ao chegar da cidade em que fora buscar Mariano e as crianças, entregou uma carta para Estela. Ao vê-la admirada, explicou:

— Toda a correspondência endereçada ao sítio fica no correio. Vou pegá-la três vezes por semana. Felipe recebe muitas cartas. Hoje tem uma para a senhora.

Estela, curiosa, leu o remetente, era do seu irmão. Deixou-a no balcão e foi almoçar, porque todos a esperavam. Assim que almoçaram, Estela despediu-se do marido e foi ler a carta. Seu irmão escrevera perguntando se eles estavam de fato convidados a passar as férias no sítio, que Felipe convidara seus filhos, mandara fotos do lugar. Ele e a esposa até duvidaram, mas, como Elisa fora ao sítio e contara como era, eles se interessaram em ir. E sugeriu que convidasse a mãe e o padrasto.

Estela tremeu de indignação. Felipe e o tio estavam ainda na sala de jantar, conversavam.

— Felipe! — a mãe estava nervosa. — Venha comigo! Vamos conversar no escritório!

— Eu não fiz nada! — exclamou o garoto.

— Venha!

O menino acompanhou a mãe. Os dois entraram no escritório. Estela sacudiu a carta, mas tentou se controlar e falar baixo.

— Sabe o que é isto? É uma carta de seu tio. Meu irmão. Sabe o que ele escreveu? Pergunta se pode aceitar o convite para passar as férias aqui. Você convidou seus primos? Mandou fotos do sítio nas cartas? Estava se correspondendo com eles? Conte-me tudo! Como convidar se a casa nem é nossa? Por que fez isto sem me consultar?

Felipe raramente via a mãe brava, sentiu medo e respondeu baixinho.

— Mamãe, gostei, gosto tanto daqui! Nunca morei num lugar tão legal, bonito assim. Quis contar aos meus primos e amigos, queria que soubessem como estou bem, feliz e que moro neste sítio maravilhoso.

— Por que isso, meu filho? — Estela se acalmou.

— Tales estava sempre me zoando, dizendo que minha casa era alugada e feia, que ia jantar na sua casa por não ter o que comer. Os garotos riam de mim.

Estela se lembrou do sobrinho Tales, seu irmão e cunhada não estavam orientando devidamente o garoto, que era muito levado, e concluiu, naquele momento, que era mal educado. "Meus filhos", pensou a mãe e suspirou, "sentiram as nossas dificuldades. Felipe, por ser mais velho e entender melhor a situação, sentiu mais".

Teve vontade de abraçá-lo, porém compreendeu que tinha de educá-lo.

— Meu filho, você devia ter me contado.

— Você já estava muito triste — Felipe suspirou.

— Assim mesmo devia ter me contado. Deve sempre me contar seus problemas e dificuldades. Não devia ter dado importância ao que seu primo lhe dizia, nem seus colegas. A vida é assim, ora podemos estar com problemas, ora não. Não deveria ter mandado as fotos.

— Se lhe pedisse, iria deixar? — perguntou o garoto.

— Não. E sabe por quê? Porque estamos aqui no momento. Esta casa não é nossa. Somos convidados do tio Bino. O melhor seria se você tivesse esquecido essas ofensas, os desculpado e se concentrado nos seus novos amigos. O que importa o que pensam e falam de nós? De você?

— Eu os desculpei, mas sentia quando zoavam de mim. Somente quis mostrar a eles que estava bem, melhor do que antes.

— Isto lhe fez bem? Sentiu-se melhor por isto? — Estela quis saber.

— Senti-me — o garoto estava sendo sincero.

— Filho, deve ficar contente por estarmos bem, com saúde, seu pai trabalhando, por titio nos tratar bem. Isto são valores reais. Não podemos viver preocupados com o que as pessoas pensam de nós. Passamos por dificuldades, e você não deveria se importar com comentários nem se gabar agora de estar vivendo melhor. Você agiu errado convidando seus primos para virem aqui. Convidou mais alguém?

— Dois amigos — respondeu Felipe.

— Primeiro, teria de me consultar; segundo, a casa não é nossa. Por este motivo, não podia fazer isso.

— Pensei que eles não viriam.

— Meu irmão me escreveu — Estela mostrou novamente a carta — perguntando se poderiam mesmo vir. Vou lhe responder que não, e você escreverá a todos que convidou, que fez o convite sem consultar os adultos e que não poderia ter feito isso e que eu não deixei porque estamos morando na casa de tio Bino. Entendeu? Vou pensar no castigo que vou lhe dar. Você agiu como seu primo e colegas que riram de você. Ao ficar bem, melhorar de vida, quis mostrar a eles.

— Não, mamãe, não agi como eles. Meu primo e colegas zombavam de mim, que estava na pior, e eles não estão.

A porta fez um barulho. Estela olhou e viu o tio, que lhe fez um sinal, chamando-a. Felipe não viu porque estava com a cabeça baixa.

— Fique aqui pensando no que fez. Volto logo — ordenou a mãe.

Epaminondas esperava-a no final do corredor.

— Desculpe-me, sobrinha, ao vê-la nervosa fiquei curioso para saber o que o Felipe fizera de errado e escutei atrás da porta. Não costumo fazer isto. Ouvi tudo. Queria

Na sombra da montanha

lhe pedir para não castigar Felipe. O garoto é inteligente e compreendeu que agiu errado.

— Meu filho sofria e eu não percebi — lamentou-se Estela. — Estava tão envolvida com meus problemas. Não quero mais agir assim. Por mais que seja difícil a situação do momento, quero ver o que acontece ao meu lado. Quero estar atenta ao próximo mais próximo, à família e ao próximo que me rodeia.

— O menino sofreu e não quis lhe contar porque a sentia triste. Quero que leve isto em conta. Quando vieram para cá, percebi que foi ele quem mais gostou. Tirou fotos, mandou a eles para mostrar que estava bem.

— Meu irmão não acreditou em Felipe, somente o fez quando Elisa confirmou.

— Estela, se você fizer questão, pode convidá-los.

— Não, titio, meus sobrinhos, principalmente Tales, são muito levados. Não é certo convidá-los, sei que o senhor não gosta de visitas.

— Foi muito agradável receber o grupo espírita; depois, eles nos ajudaram. Realmente não gosto de visitas por muitos dias nem de crianças mal educadas.

— Titio, contei ao senhor de mamãe, do meu padrasto, não desejo mal a eles, mas também não os quero por perto. Se vierem aqui, terei de vigiar Isabela. Se um dia mamãe precisar de mim, no que puder, ajudarei, poderei até recebê-la em minha casa, isto quando tiver uma, e cuidar dela, mas meu padrasto, por enquanto, não. Meu irmão negou comida para meus filhos. Não tenho mágoa, não quero sentir nenhum sentimento ruim. Mas não quero recebê-los. Não posso abusar de sua hospedagem. Vou responder ao meu irmão explicando e farei Felipe escrever para quem convidou que não podemos recebê-los.

— Estela, quero lhe pedir para não castigar Felipe, vou conversar com ele — insistiu o tio.

— Está bem, titio. Vou agora escrever para meu irmão.

Epaminondas foi para o seu quarto, e Estela voltou ao escritório.

— Mamãe, pensei e peço-lhe desculpas. Entendi que não deveria tê-los convidado para vir aqui porque a casa é do tio Bino.

— Isto mesmo, nem se fosse minha e de seu pai, não seria só sua. Quero lhe pedir para que não esconda mais nada de mim. Quero saber se algo o aborrecer, seja aqui, na escola, na rua. Entendeu?

— Sim. Não deveria ter mandado as fotos. Mas queria tanto que eles soubessem que estou bem.

— Basta você saber. Vamos agora responder às cartas. Direi ao meu irmão que a casa não é nossa e que não poderemos recebê-los; você escreverá a mesma coisa, e irei ler depois. Pode começar.

Estela escreveu ao irmão, disse que de fato estavam bem, mas que o dono da casa era o tio de Mariano, que desculpasse Felipe que os convidara sem informá-la e que, infelizmente, não poderia recebê-los. Estavam planejando, Mariano e ela, em alugar no futuro uma casinha na cidade e equipá-la e aí, na casa dela, poderia recebê-los para um final de semana.

Escreveu também à irmã contando que estavam bem e que planejavam, num prazo de uns dois anos, morar na cidade, ter a casa deles e que então a convidaria para passar uns dias com ela.

Felipe também escreveu. As cartas dele foram mais um bilhete.

— Convidei somente estes! — mostrou as cartas à mãe.

Estela leu, o filho escrevera que não poderia hospedá-los nas férias porque os convidara sem o consentimento da mãe e que ela não deixara porque a casa é do tio e que iriam viajar nas férias, iriam para uma cidade turística e ficariam hospedados num hotel. Para o primo, deu mais detalhes da viagem.

— Vamos viajar, mas não é durante as férias toda — lembrou Estela.

— Eu não escrevi que era — defendeu-se Felipe. — Mamãe, não vou mais mandar fotos, demorarei para responder quando receber cartas e as mostrarei antes a você. Também vou lhe contar tudo, não vou fazer mais nada escondido. Não daria certo mesmo meu primo vir aqui, ele não gosta de obedecer, iria chatear o tio Bino. Vou ficar de castigo?

— Se entendeu e promete não agir mais assim, não vou deixá-lo. Pode ir agora.

Felipe saiu correndo. Estela fechou as cartas, depois iria pedir para José Elídio colocá-las no correio. Estava organizando o escritório quando Epaminondas entrou.

— Resolveu-se com Felipe? — perguntou ele.

— Sim, ele escreveu cartas para os amigos que convidara explicando que eu não havia deixado e que a casa é do senhor. Fiz isto também com meu irmão.

— Estela, penso que é o momento de lhe falar duas coisas. Primeiro, a loja que Mariano trabalha é dele.

— O quê?! — ela se admirou.

— Joaquim estava com uma situação financeira difícil e precisando de dinheiro porque seu filho estava doente. Comprei a loja em nome de Mariano, e meu amigo Joaquim ficou como gerente. Pensei que, escondendo este fato, ensinaria meu sobrinho a trabalhar. Agora conto com você para fazer de Mariano uma pessoa responsável. Ele começou como simples vendedor, logo irá para a parte administrativa, aprenderá a fazer de tudo na loja. Quando sentir que está responsável, contarei a ele.

— Nem sei o que dizer! Isto é maravilhoso! Conte comigo para ajudar Mariano — Estela se alegrou.

— Segundo, tudo o que tenho será de Mariano. Já organizei, deixei a documentação em ordem. O sítio, esta casa, é de vocês também. Quero que sinta isto. Não quero que falem em mudar. Não saberia mais ficar sozinho. É tão bom ter vocês aqui comigo!

— Oh, titio! — Estela tentou segurar o choro, mas lágrimas escorreram abundantes pelo rosto. — O senhor é tão bom! Eu, nós pensávamos em nos mudar para não abusar de sua hospedagem. Porém, queríamos ficar porque gostamos muito daqui e do senhor. Agora afirmo: vamos ficar! Obrigada! Queria que o senhor fosse meu pai!

— Posso ser tio-pai! Que bom que gostou da notícia! Vamos, nós dois, educar os três, Mariano, Felipe e Isabela, para serem pessoas do bem. Minha sobrinha, às vezes sou mandão, decido tudo, quero que, quando achar que estou me excedendo, fale comigo. Poderemos conviver muito bem.

Estela beijou o tio no rosto, e ele enxugou suas lágrimas.

Mais tarde, quando o sol declinava, Felipe gritou:

— Titio! Mamãe! Isa! Venham ver o sol se esconder atrás da montanha!

Saíram para o jardim. O espaço onde antes ficava a árvore seca estava lindo com o canteiro de flores.

O sol, como que se espreguiçasse, devagar se escondeu atrás do morro, fazendo sombra na casa.

— Não disse que a montanha nos acolhe? — Epaminondas sorriu.

— É o amor que nos acolhe! — exclamou Estela.

O grupo continuou olhando até que o sol ficasse completamente escondido atrás do morro, da montanha.

FIM

Obras da médium Vera Lúcia Marinzeck de Carvalho
Espírito Antônio Carlos

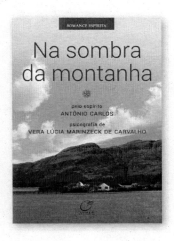

Na sombra da montanha
Mariano e Estela, passando por dificuldades financeiras, aceitam o convite para morar com o tio dele no sítio Na Sombra da Montanha.
A vida de todos vai mudar a partir de então.

A senhora do solar
Noeli reencarnou na mesma casa.
Antes, era rica. Agora, vai aprender com o sofrimento.
Emoção e aprendizado reunidos em uma obra imperdível.

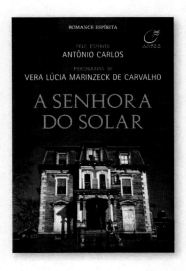

Obras da médium Vera Lúcia Marinzeck de Carvalho
Espírito Antônio Carlos

Um novo recomeço
O que fazer quando a morte nos pega de surpresa? Nelson passou pela experiência e venceu!

A Intrusa
Uma envolvente história que explica o porquê de tantas pessoas, ao desencarnarem, não aceitarem o socorro imediato e retornarem ao seu ex-lar terreno.

O Caminho de Urze
Ramon e Zenilda são jovens e apaixonados. Os obstáculos da vida permitirão que eles vivam esse grande amor?

A órfã número sete
O investigador Henrique queria prender um criminoso... Alguns espíritos também...

LÚMEN EDITORIAL

Av. Porto Ferreira, 1031 | Parque Iracema
CEP 15809-020 | Catanduva-SP

www.**lumeneditorial**.com.br
www.**boanova**.net

atendimento@lumeneditorial.com.br
boanova@boanova.net

 17 3531.4444
17 99777.7413
@boanovaed
boanovaed
boanovaeditora

Acesse nossa loja

Fale pelo whatsapp